「自分の強み」に
磨きをかける

キャリアを
切り開く

71 Words for
Creating a
Great Career
Reinforce your
Strengths!

言葉

北野 唯我
Yuiga Kitano

71

KADOKAWA

迷ったとき、

悩んだとき、

心を奮い立たせたいとき──

目をつむり、

好きなページを

開いてみてください。

そこに、

あなたのヒントになる

「言葉」が

きっと見つかるはずです。

僕が２年間、仲間たちに 送り続けたメッセージ

　この本のタイトル『キャリアを切り開く言葉 71』が示すように、僕たちは日々の生活の中で、思考や行動、そしてその根底にある何かによって、自分自身と他人との関係性を築き上げています。言葉が持つパワー、それが僕たちの生活や仕事を豊かにし、道筋を示し、そして僕たちが共有する世界を繋げる強力なツールであることを、この本を通じて示したいと思います。

　人生も仕事も「思考と行動とタイミング」で作られます。また、本論にある「口癖を見直そう」の項でも詳述しますが、「思考」と「言葉（口癖）」とには密接な関係があります。僕たちが何を思うか、それが、僕たちが何を言うかを決定します。そして、僕たちが何を言うか、それが、他人とのコミュニケーションを形成し、僕たちの世界の理解のしかたを決めます。その理解は行動を促します。

　やがて、世界を理解する方法や行動は、人生のライフステージとぶつかることで、キャリアの大きなサイクルを生み出します。キャリアのサイクルとは、わかりやすく喩えると、春夏秋冬です。春＝芽生えの時期、夏＝繁栄の時期、

5

秋＝刈り取り、冬＝仕込みの時期といったイメージでしょうか。実は、誰のキャリアにも春夏秋冬がありますが、変化の節目は目に見えづらいものです。では、何がその節目に気づくきっかけになるのでしょうか？　ガイドのようなものが必要ではないでしょうか。

　僕自身も、様々な岐路で「言葉」に出会い、その力を信じてきました。学生時代、キャリアの初期、経済的な困難、家庭の問題……、そうした状況の全てにおいて、「言葉」は僕にとっての強力なガイドとなりました。「言葉」がどのように僕の行動や考え方を形成し、僕の人生をどのように変えたかを共有することで、読者の皆さんが自分の人生やキャリアにおける「言葉」の価値を理解し、それを活用する方法を見つけることを願っています。

　この本で紹介するメッセージは、僕が過去1000日以上にわたり、コミュニティのメンバーへ向けて発信し続けてきた“応援歌”ともいえるものから厳選したものです。それぞれのメッセージは、人生の局面で得た洞察や感情、また、行動の結果から生まれました。そして、それらのメッセージを通じて、僕たちは一緒に考え、一緒に学び、さらには一緒に成長してきたのです。つまり、僕だけに当てはまる話ではなく、数百の人に当てはまったメッセージということができるものです。この本では、それらの言葉の中から共感が多かったもの、反響を呼んだもの、僕自身が最も伝えたかったものを選びました。

誰に捧げる言葉か?

　現在、キャリアに悩む若者の皆さんへ、この本を捧げます。もしもあなたが今、進むべき道が見えないと感じているなら、この本があなたの道しるべとなるでしょう。また、もし自分の存在が価値のないものだと感じているなら、この本があなたの自己価値を再認識するきっかけとなるでしょう。

　現代は管理社会になりつつあります。データやテクノロジーは生活を便利にする一方で、いきすぎた管理社会は、創造性と自己重要感を十分に育てる機会を奪います。イメージするとわかりやすいと思いますが、0歳の赤ん坊の頃からずっと行動を全て管理されて育った人がいたとしたら、どうでしょうか?　創造性と自己重要感が育つ土壌がないまま大人になるでしょう。自分の行動を他人の評価・管理でしか判断できなくなるからです。

　この本に書かれているメッセージは、その時々の思考と行動と言葉の結晶であり、1つひとつが新たな学びと気づきを提供します。そして、それらは、私たちが一緒に考え、一緒に学び、一緒に成長する機会を与えてくれるものです。新たな道を探し、未知との対話を模索し、進むべき方向を見つけるための一助となればと願っていますし、僕たちが経験した困難や挫折、そしてそれを乗り越えてきた経験は、あなたの現状を理解し、新たな視野を開かせる助けとなる

ことでしょう。

　また、今はとくにキャリアに悩んだりはしていない、という方に関してもこの本のメッセージは役に立つと思います。思考と行動と言葉を通じて、自分自身の存在と、周囲との関係性を深めることは、人生のどのフェーズでも必要不可欠な技術だからです。

　僕自身もそうでした。

　僕は「言葉には出会うべきタイミングがある」と常々感じています。もしかしたら嘘くさく聞こえるかもしれませんが、何より皆さん自身の人生を振り返ってみると、心当たりがゼロではないはずです。たとえば、幼少期には意味はわからなかったが「今思うと大事だったこと」はないでしょうか？　あるいは、昔読んでピンと来なかった本が今読むと面白いと思ったことはないでしょうか？　その逆はどうでしょうか？　これらが示唆するのは「言葉には出会うべきタイミングがある」ということだと僕は思います。

　たとえばキャリア論の文脈でいえば、「自分の強みを尖らせる」という言葉があります。長い人生の中には、自分の強みにどうしても向き合わなければならないタイミングがあります。これは、勇気のいることですし、困難を伴うものです。普通はやりたくないものです。なぜなら、「強みを尖らせる」とは、他の人と違う選択肢や可能性を選ぶ、ということだからです。そうして自己を表現することは、他人からの批判や反論を受けることとセットだからです。危険もあるわけです。それでもその後のキャリアを考えた

ときには、この「自分の強みを尖らせる」という言葉に出会い、向き合うべき"タイミング"があるということです。

　言葉はただの表現手段ではありません。繰り返しますが、言葉は僕たちが自分自身と他人とを繋ぐ架け橋であり、また世界を理解する鍵です。僕たちが選ぶ言葉が、自己表現のあり方を決定します。そのような観点から言葉の力を理解し、最大限に活用することの重要性は仕事場では教えてくれません。なぜなら、そうした"タイミング"が人それぞれだからです。

　言葉は、理解し、共感し、励まし、そして変化をもたらします。この本を通じて、その力を改めて認識し、活用していただければと思います。さらには、思考と行動と言葉を通じて、自分自身の人生をより豊かに、より意義深く生きるための一助となれば幸いです。

　今から始まる、あなたと一緒に巡る新たな旅を楽しみにしています。そして、あなたがこの本を通じて、人生の新たな節目を迎え、自己成長の道を歩み始めることを心から願っています。

　さあ、一緒に新たな「思考と行動と言葉」の旅を始めましょう。

きた の ゆい が
北野唯我

「自分の強み」に磨きをかける

キャリアを
切り開く
言葉
71 ［目次］

はじめに

僕が2年間、仲間たちに送り続けたメッセージ　5

誰に捧げる言葉か？　7

第1章

[マインド]

好きなものを摑んで離さない「握力」の話 17

勝ったときにも機会損失を追う　18

「考え過ぎてダメ、とかない」　20

アブダクションという思考　21

三鏡を持っていますか？　23

愚者は経験に学び賢者は歴史に学ぶが…　26

身銭を切る、ことの重要性　28

人目に晒されることの価値　31

「賭場」に居続ける　34

「握力」はあるか？　36

科学的スタンスと信念の話　39

「着火力」と「レジリエンス」を鍛える　43

不安＝危険÷（処理能力・資源）　46

矛盾と進歩の運動　49

口癖を見直そう　53

バカにされることの大切さ　56

「葛藤と手を繋ぐこと＝真の成長説」　59

高い才能を持つことより、才能を高い次元で使う　61

第2章

[仕事術]

自分に「期待値」を発生させる！ 63

コツコツやることの大切さ　64

企画にあだ名をつけよう　65

選択肢は「最大値」で選ぶのもあり　67

期待値を発生させよう　70

イシューとソリューション「反比例の法則」　73

状態目標は諸刃の剣　77

戦略とは色塗りゲーム　80

人を選ぶ技術とは？　83

観察力を鍛える3つの方法　86

第3章

[仲間]

「見えざる資産」にアクセスしてる？ 89

期初は目標、期末は期待値　90

トランザクティブメモリー　93

組織風土は耕す　95

組織風土をオペレーションに組み込もう　97

入社前のキャリアの期待値シートの作り方　100

差分分析をしよう　104

人間関係はアップデートするもの　107

「遠心力」のあるコミュニティ　109

コミュニティのワンネス　111

ワンネスのある公園　113

コアバリューはなんだ？　116

ブランドを何に「貯める」か？　118

「見えざる資産」にアクセスしよう　121

第4章 ［インスピレーション］「未来の種」を一緒に見つけよう　125

グローバル、ローカル、ホーム　126

「2Dか、3Dか」ではない　128

才能×お金＋戦略という方程式　131

静かに身を修め、徳を養う　134

グッド・アンセスター　137

ポジティブな側面を注視する　140

正体を隠して1億円稼ぐ大富豪のコンテンツが

　超勉強になった話　143

バイヤーズイン思考　146

「お財布のシェア」を考える　148

人気より信頼を取る　151

日本を変えるアイデアの話　154

「全ての人にとっての最善策ではない」　157

外発的動機付けで人格を鍛える　160

意外性と王道性を両立させる　162

マイクロインフルエンサーの時代　165

「あったらいい、ではなく、なくてはならないものを作ろう」　168

課題そのものを定義できる人？　171

第**5**章　［人生］
「自分の強み」に フォーカスする生き方 175

マッキンゼー流「強みの育成法」　176

ドラッカーに学ぶ「強み」と「成果」の話　178

「戦わずして勝つ」は可能か？　182

市場の視点から「強みを言語化」　184

目に見えづらいものへの学習欲　187

成長は絶対値ではなく、変化率　189

人は強みで成果を残し、課題で変わる　192

夢は動詞で語ろう　196

OSのアップデートは自己喪失を伴う　198

選択を正解にする力　202

高い目標設定は「自己効力感＋α」とセットで　205

歴史は、未来の余白とセットで語る　208

「勝ち続けることと、勝つことの違い」　211

作るほど好きか？　213

人生選択肢曲線　216

第 1 章

［ マインド ］

好きなものを摑んで
離さない「握力」の話

勝ったときにも
機会損失を追う

　仕事で失敗したとき、やり方や考え方を変えようとしますよね。では、仕事で何かがうまくいったときはどうでしょうか?

　以前、元横綱との対談という貴重な経験をしたことがあります。

　年齢は僕とほぼ同じ。それでも相撲界というスポーツ業界でトップに君臨していた方です。どんな人なんだろうかと緊張と興奮の両方の気持ちを持ちながら対談に臨みました。

　当日はオンラインによる対談だったのですが、モニター越しでも、想像通りの迫力がありました(なによりお召しになっていたのが特注の革ジャンだったのが印象的でした)。その対談の中で、とても印象深い話があったのですが、それが、「負けたときだけ何かを変える」ではなく、「勝ったときも切り替えないといけない」という話です。

　彼はこう続けてくれました。

「なぜなら、負けたときだけ変える——。それは世の中が

間違っている、という前提に立つ非科学的態度だからだ」
と。

　そのとき僕は「面白い！」と心の中で唸（うな）ってしまいました。なぜかというと、これはビジネスにおいても同じだろうからです。

　勝っても負けても変える。結局、これがどんな領域でも重要なことなんだ。そう感じたからです。

　僕は以前、膨大な量のデータを使って、勝ち続ける組織と勝ったり負けたりする組織の違いを考察し、本にまとめたことがあります。その違いは実は「機会損失を追うかどうか」にありました。

　言い替えれば、勝ったり負けたりする組織は、勝ったときに、「機会損失を見逃さずに、もっとできたはず」とは思わない。一方で、勝ち続ける組織は「機会損失を見逃さない。勝ったとしても、もっとできたはず、と思い、変えようとする」。僭越（せんえつ）ですが、元横綱の話もこれと全く同じ内容だと思いました。

　皆さんはどうですか？　「負けたときだけ変えよう」としていませんか？　そうしてしまいがちですよね。でも、長い目で見ると実は、「勝っても負けても変えること」が勝負の世界では必要なのかもしれません。

「考え過ぎてダメ、とかない」

　元横綱との対談で、もう1つ面白い話がありました。それが「思考力」についての話です。

　元横綱いわく「横綱になれた人間は皆、考えすぎるほど考え抜いている」ということでした。

　たとえば、たまに仕事場で「考えすぎてダメでした」「手を動かせませんでした」という人がいますよね。特にスポーツの世界ではこれを言い訳にしてしまうことはよくあるそうです。

　一方で、元横綱はそれを一刀両断します。「考えすぎてダメということとかはない。まだまだ考えすぎてないからダメなんだ」と仰っていました。横綱になるくらいの方は皆、徹底的に考え抜いているそうです。もちろん、ベースの身体があってこそですが。

　「思考力が大事」——これを普通の人が言っても説得力は薄れます。でも、スポーツの世界は弱肉強食です。その中で頂点に立った人が言う言葉だったので、そこには説得力がありました。

　僕はいつも思いますが、トップアスリートの言葉って本当に刺激になりますよね。それはおそらく、どんなことであれ何かを極めるということは、本質的には一緒であり、奥のほうで繋がっているから。それに加え、自分がいるのとは違うジャンルの人による言葉だからこそ、聞きやすい面もあるからかもしれません。

　以前『内定者への手紙　最強の文章化術──「報告が下手」「わかりづらい」から脱却せよ』（SHOWS Books）という本を作ったとき、「40代までにＴＯＰ１％と仕事せよ」という話を書きました。元横綱は当然、その世界ではトップ１％ですし、こういう機会こそが僕にとってはトップ１％との仕事の瞬間です。普通に過ごしていると接することは難しいかもしれませんが、ぜひ違うジャンルのＴＯＰ１％に注目してみてください。

アブダクション という思考

　皆さん、「アブダクション」という思考法をご存じですか？

僕がよく使っている思考法が、「アブダクション」という名前なのだそうです。これは自分でも知らなかったのですが、山口周さんと対談したときに、「唯我くんの思考法はアブダクションだね」と教えてもらいました。

　このアブダクションは、「仮説提起的な発見的思考」（平凡社『世界大百科事典　第2版』【発見法】の項より）などと説明できるもののようですが、これだけではちょっとわかりづらいかもしれません。

　簡単にいえば、「A→Bという方程式が成り立つならば、Bが起きているということはきっとAがあるはずだ」といった具合に考えることです。いわば「ひらめきによる説明法」とでもいえるもの。なので、ときに明らかに誤った考えも当然出てきます。このアブダクションの価値はひとえに、個別具体の事例から「未来を予測できること」だと思います。だから"発見的"な思考法ともいえるのでしょう（ちなみにアブダクションを使って成功した有名人でいえばアインシュタインがいると言われています）。

　一方で、「愚者は経験に学び、賢者は歴史に学ぶ」という有名な言葉があります。僕自身は愚かにも、長い間この言葉を全く信じていませんでした。学生時代に日本史ができなさすぎて赤点を取ったこともあるのでその恨みがあったのかもしれませんが、ずっと「歴史を学ぶ意味ってなんなのだろうか？」と思っていました。

　ところが最近、人生でほぼ初めて自主的に歴史を学んでみたのですが、そのときに思ったのは、ことビジネスにおいては「やはり歴史から学ぶことは多い」という、当たり

前すぎること。それはなぜかといえば、ビジネスとはほとんどが「人の事」だからです。

　戦国武将や将軍たちが悩んだのは、「（天下統一）事業」と常に「人」のことでした。その意味で、かつての名将たちから学べるのは人事戦略、つまりは「人の悩みや欲望にうまく対処する方法論」です。今の自分たちにも活かせることなのです。

　言い換えれば、アインシュタインのように新しい理論を生み出すには、「歴史を学ぶより未来を予測し学ぶ」アブダクションのほうが重要ですが、経営やビジネスという、どちらかというと同じことの繰り返しの場においては、「過去から学ぶ」ことは多いのです。

　現代のビジネスにおいて「人をどう活かすのか」が重要な局面においては、「愚者は経験に学び、賢者は歴史に学ぶ」は本当にそうだな、と思います。

三鏡を持っていますか？

　最近僕が学んでいる、『貞観政要（じょうがんせいよう）』という中国の古典の

話です。

　この本は、中国は唐代に呉兢が編纂したとされる太宗（＝唐の第2代皇帝）の言行録で、日本においては徳川家康が愛読したと言われています。

　この『貞観政要』には、リーダー論の大切なことが書かれているのですが、その中に「三鏡」という話があります。三鏡とは、3つの鏡のことを指し、「銅の鏡」「歴史の鏡」「人の鏡」のことです。

　1つ目の銅の鏡とは、僕らがイメージする普通の鏡のことです。この鏡には自分が映っており、自分のことを見直すためにあります。

　第2の歴史の鏡とは「歴史から学ぶ」という意味。過去の失敗や成功から学ぶということです。

　そして第3の人の鏡とは、人から学ぶという意味です。部下の厳しい直言や諫言（諫める言葉）を受け入れ、最も耳が痛い事実から学ぶことを指しています。

　そのようなリーダーの要諦が書かれた貞観政要を徳川家康は学びました。家康が現代の人から持たれているイメージは微妙（たぬき親父？）かもしれませんが、僕は本当にすごいリーダーだな、と思っています。

　徳川家康にはその度量の深さを示す歴史上のエピソードが複数あるようです。

　あるとき徳川家康が京の二条城に上ってきたとき、京や大坂の人々による、政権批判や皮肉を込めた落書きが絶えなかったといいいます。ようは町中に徳川家康の悪口が書

かれていたわけです。

それに対して部下が落書きを取り締まろうとすると、家康はそれを制し、落書きを見てこう言ったといいます。「くだらない内容のものもあるが、私の心得になるものもあるので、そのままにしておけ」と。

これ、すごいですよね。

現代でいえば、ネット掲示板に書かれた自分への悪口をみて、「くだらないものが多いが、学ぶこともある。残しておけ」と言ったようなものですから。家康の場合は、消そうと思えば権力を使って消すこともできるのですから、なおさらです。その度量の深さに驚きます。

ではなぜ徳川家康がそのような態度を取れたのかといえば、おそらくその理由の1つは、彼の中に常に「三鏡」があったからではないでしょうか。「銅の鏡」「歴史の鏡」「人の鏡」──これを常に意識していたからだと思います。

では、僕たちはどうでしょうか?

人は年をとると、「銅の鏡」すら見なくなることがありますが、「歴史の鏡」と「人の鏡」まで見ることができている人は、どれだけいるのでしょうか? 僕は自信がありません。しかし、「なるほど、歴史を学ぶ意味とは、ここにあったのか」ということは理解することはできました。まさに「愚者は経験に学び、賢者は歴史に学ぶ」です。

ぜひ皆さんも、「自分が三鏡を持っているか?」「三鏡を使って自分を振り返っているか?」を考えてみてはいかがでしょうか。

愚者は経験に学び
賢者は歴史に学ぶが…

「愚者は経験に学び、賢者は歴史に学ぶ」

前項でも紹介した言葉ですが、これはたしかに真実だと思います。ただこの格言のなかには、1つだけ抜けている視点がないでしょうか?

それは、「成功者は何から学ぶのか?」ということです。

世の中にはいろいろなタイプの"成功者"がいると思いますが、僕が出会ってきた人たちの中で、「この人、大成功しているな」と思う人が何から学んでいたかというと、それは確実に「未来」です。

これを踏まえると、「愚者は経験に学び、賢者は歴史に学ぶが、成功者は未来に学ぶ」となります。

ここで想起するのは、タイムマシン経営という言葉です。簡単にいえば、他の国で成功した事例を自国に転用する経営手法で、孫正義さんはこのタイムマシン経営で成功したとも言われます。

孫さんとまではいかなくても、「未来から学ぶ」視点は誰にでも必要だと思います。

たしかに賢者は歴史から学ぶと思いますが、歴史から学んだからといって、必ず成功できるとは限らない——これが実際だと思います（そもそも成功とは何か？　という論点はもちろんありますが）。このとき必要になるのが、「未来から学ぶ姿勢」です。

未来は不確実で、多くの人は不安があるため勝負しません。

また、未来はまだ「見えていないもの」ですから、確固たるものがありません。考え出せるとしても、妄想や熱狂や、コンセプトといったものだけになります。したがって勉強ができる人ほど、だいたい「根拠がない」と指摘します。当たり前ですね、未来の話ですから。

だからこそ、本当に必要になるのは、未来を「信じること」になります。

未来から学ぶためには、未来を信じる、そして研究する。もはやこれしかありません。

まとめると、こうなります。

「愚者は経験に学び、賢者は歴史に学び、成功者は未来に学ぶ」のだが、歴史から学ぶには信じる気持ちはいらない一方、未来から学ぶには信じる気持ちが必要だ、ということ。

僕を含め多くの人にまだ足りていないのは、知恵と、そして未来を信じる力なのかもしれません。

身銭を切る、ことの重要性

「身銭を切る」という言葉がありますが、ビジネスにおいてもとても大事な考え方だと感じたことがあります。

新規事業家の守屋実さんと対談をしたときに出た話題に、「大企業の人が社内起業する際の注意点は？」というものがありました。

そこで守屋さんが仰っていたのが、「お金を集める」ことや「人を集める」ことは、経験として積みづらいということです。

いわく、何か事業を起こしたり、何か新サービスを作ったりする上で重要な要素である、「お金を集める」「人を集める」の2つが経験値として積みづらい。さらに、集めたお金や人を「自分の責任の範囲で思い切って使う」ということもしづらい。だからこそ、事業を作る際には、これらのことをアジャスト（調整）する必要があるということです。

僕はこの話を聞いたとき、以前、ある別の経営者が言っていた言葉を思い出しました。その経営者の方もまた、べ

ンチャーやスタートアップに投資したりアドバイスしたりしている有名な方なのですが、彼は次のような趣旨のことを言っていました。

「私はこれまでいろんな経営者を見てきましたが、メルカリにしても他の企業にしても、すごい経営者ほど、どこかのタイミングでどっとお金を使う。そういう経験をしている。反対に、それを学ばないと伸び悩みますよ」

　簡単にいえば、「内部留保を貯めるだけではなくて、使いなさい」ということです。僕はこれを聞いた当時は、「ヘー」という感じで、「そんなものなのかな？」とだけ思っていました。

　ただ、今になっては、「この意見に100％同意」です。より具体的には、「身銭を切って体験すること」は何をするにしても大切なことだと思います。

　最高級の商品やサービス、あるいは教育など、人々にずっと愛されているものには、やはりそれなりに理由があるものです。ただ、それらについて体験せず、本を読んだり、外から眺めたりしているだけでは、自分の血肉にはなりません。

　一方で、「身銭を切る」、あるいは、企業でいうならば「身銭を切るような真剣さを持ってお金を使う」と、意地でもその投資分を回収しよう、なんとかして血肉にしようというインセンティブが働いたりするものです。そして結果的に、成長機会が拡大したりします。

　よく「タダより高いものはない」と言ったりしますが、

実は「タダで体験できること＝他の誰でも体験できること＝差別化要因にならない」ということなのかもしれない、とも思ったりします。

僕は3.5万円もする外付けPC用キーボードを経営者にオススメされて恐る恐る買ったことがありますが、その買ってみたということが「そもそも、なんでこんな高いキーボードが支持され続けているんだ？」ということを考えるきっかけになりました。

最初は、あまりその良さがわからず、すぐに手放そうかとも思ったのですが、メルカリで調べてみると、そのキーボードがエンジニアたちから絶大な支持を得ていて、ほぼ定価に近い価格で売れていることがわかりました。

僕がその価値をわかっていないだけなのではないかと思いとどまり、いろいろ調べながらもう少し使ってみると、その商品の価値（シンプルだけど、長く使える。壊れにくく、手が疲れにくい）を少しずつ体感できるようになり、今ではフル稼働するまでになりました（無駄金にならなくてよかったです……）。

ここでも大切なのは、やはり、身銭を切ってみることだったということです。3.5万円はキーボードの値段としては（僕としては）信じられないぐらい高かったのですが、払ってみたからこそわかる価値があったのです。これがもし3,000円のキーボードなら、すぐに手放してしまっていたかもしれません。

流行モノのなかには、時間が経ってみると「価値がない高いもの」になっているものもたくさんありますが、その

反対に、長く愛されていてその上で高いものには、何かしら学ぶことがあったりするものです。

　価値がわかっているものに身銭を切るのももちろん大切ですが、素人な領域でこそ、「まず身銭を切る」、そのあと「そこから回収しにいく過程で価値に気づく」──そういうケースもあったりするのです。

人目に晒されることの価値

　2021年10月7日、僕が取締役を務めるワンキャリアが上場しました。そのプロセスで学んだことを言うならば、「人目に晒されること」の価値です。

　上場の瞬間から何が一番変わったかというと、やはり「投資家の方々のツイート量が増えた」ことです。それまでは自社のことをエゴサーチしても、見つかるのはサービス利用者や人事界隈の人のツイートがメインでしたが、一気に投資家の方々のツイートが増えたのです。また、ニュースサイトのコメント欄に登場することも増えました。ネットニュースのコメント欄などは罵詈雑言が飛び交う世

界なので学びは少ないかもしれませんが、それでも１つだけメリットを挙げるとするならば、それはやはり「晒されることで、"真実"に近づかざるを得ない」ということだと思います。そういう意味では上場も、「真実に近づいていく」ためのプロセスだったのだな、と思います。

　ではここでいう"真実"とは何か。以下説明します。

　プロデューサーとしても有名なJ.Y. Parkさんが言っていたことで印象的だった言葉があります。それが、「真実」「誠実」「謙虚」であることの価値です。

　J.Y. Parkさんは自身が経営するレーベルのアーティストに、常にこの３つの重要性を説くといいます。このなかで、僕が最近、特に難しくて大切だと思っているのは「真実」であること、です。

　真実であること、とは何か？　J.Y. Parkさんはテレビ番組内で次のように語ります。

　　「"隠すものがない人になれ"という話です。カメラの前でできない言葉や行動は、カメラのない場所でも絶対にしないでください。気をつけようと考えないで、気をつける必要がない立派な人になってください」

　僕は、この話を聞いたときは正直「これは本当にその通りだ……が、難しすぎる……」と思いました。

　確かに、「気をつけて、よくあろう」とか、「気をつけて、よく見せよう」といった考えは、いつかはバレるものです。だからこそ「真実であれ」とJ.Y. Parkさんは語ったのだ

と思いますが、これは当然、難しいことです。

　僕が今の会社に入社したころから会社は 10 倍以上の成長を遂げました。事業が成長すると、当然、働く人や組織も変化せざるを得ず、そのプロセスで学んだことは山ほどあります。そして今回学んだのは、まさに「真実であること」を目指す価値です。

　上場会社になるというのは「公的な存在になる」ということだと思います。最初から公的なのではなく、公的になっていく、のだと思います。

「目に晒される存在の“幅”が増える」ことで、自分が「真実であること」に対して強制力を働かせることにもつながります。

　そうなると今度は、オンとオフがはっきり分かれるのではなく、むしろ、「オンとオフが近づいていく」。もはや、「常にオン」であり、「常にオフ」である状態になります。

　ただ、この状態は多くの人が想像するように辛いこともあります。常に意識高くいることは難しいからです。ではどうすればいいかというと、それが、「常に真実であること（＝嘘がないこと）」なのだと思うのです。

　誰もが最初から「真実であること」はできないと意識することも重要です。少しずつ、そこに近づいていく、真実になっていく、ということなのかなと思います。

　以前、『OPENNESS』という本を作ったときにはわかりませんでしたが、オープンであることには、このようなメリットもあるのだな、と思います。皆さんももし余裕があ

れば、真実であってからオープンになる、のではなく、真実であることを目指してオープンになっていく、という考えを持ってみてはどうでしょうか？

「賭場」に居続ける

　格闘家の青木真也さんと対談したときに聞いた、印象的な言葉があります。それは、「賭場に居続けることが大事」ということと、「1つのことだけやると弱くなる」ということです。

　賭場とはつまり、賭け事をする場という意味ですが、これはもちろんアナロジーです。その意味するところは、「勝負する場に居続けることが大事だ」ということです。

　なぜなら、「結果は、コントロールできない。でも、賭場にいること自体はプロセスであり、自分でコントロールできるから」だそうです。

　格闘技にしても何にしても、勝負事は最後の最後は運が決めますから、その意味で、結果はコントロールできませ

ん。かといって、プロセスをコントロールできると言って
も、「結果のともなわない（勝負事ではない）場でのプロセ
ス」は価値が薄かったりするものです。

こうしたことを的確に表したのが、「賭場に居続けるこ
とが大事」ということなのだろうと思います。

2つ目は、「1つのことだけやると弱くなる」という話
でした。

青木さんはあるとき、後輩が次のようなことを言った際
に注意をしたことがあるようです。

「なんとか格闘技だけで食べていけるようになったから、
格闘技以外のことはやめました」

それに対して青木さんが伝えたのは、「それは弱くなる
からやめたほうがいいよ」ということ。その理由は、「（格
闘技だけをやると）金銭的なこともあって不安にもなるだ
ろうし、他のことから学ぶ姿勢がなくなると人間の幅が狭
まるから」。

青木さんは続けます。「北野さんもそうじゃないです
か？ 経営しながら作家として活動し、メディアにも出演
する。そうした仕事をやっているから強くなれる。そうい
う面があるんじゃないですか」

僕は「まさに」と思いました。

何か成果を出すには1つのことを継続することが大事
である一方で、「何か1つのこと"だけ"をずっとやるの
はリスキーだし、伸びしろがなくなる」と感じるからです。

それはなぜかといえば、「『全てのものから学ぼうとする

姿勢』を失っている証拠だから」だと思います。

「1つのことだけやり続ける」というと、なんだかカッコよく聞こえますが、実際にはそれは「他のことから学ぼうとする姿勢を放棄したいがための言い訳になっている」ことも多いのかもしれません。

僕も様々なトップランナーと対談してきましたが、ビジネス以外のどのジャンルであっても、高い成果を出している人から学べることはたくさんあります。なんなら動物や植物、自然界からも学ぶことすら多いと思っています。実際、本の中でも「馬やパンダ、うさぎからキャリアを学ぶ」といったことを書いたこともあります。

ぜひ、皆さんも、

① （結果はともかく）賭場に出ているか

② 1つのこと以外から学ぼうとしているか

この2つを自身に問うてみてはいかがでしょうか？

「握力」はあるか？

「握力をチェックしよう」——以前、マネーフォワード主

催のイベントで登壇し、執行役員である瀧俊雄さんと対談した際にうかがったお話です。

　握力といっても当然、筋力としての握力の話ではなく、「なにかを持ち続ける力」という意味です。そのときはマネーフォワードのイベントだったこともあり、その「なにか」とは具体的には「株」のことでした。

　株はご存じの通り、上がったり下がったりを繰り返し、事業成長している場合は長い目では上がっていきます。そこで投資家に必要になる視点のことを「握力」と表現していたのです。

「上がったときでも、下がったときでも、その株を持ち続ける握力があるか？」ということです。

　たとえば、「新型コロナウィルスの蔓延で株価が下がったとき、底値で売ってしまう」、反対に、「株価が上がったときに、利益を確定するために早く売ってしまう」──こういうケースを、"握力がもたない"と表現しているのです。

　瀧さんとは、「この握力を適切にキープするのに重要なことはなにか？」を議論しましたが、それは、「好き」という軸を持つことだという話になりました。

　たとえば、「その企業の商品が好き」という状況があれば、その企業の株価が多少下がったところで「まぁ、応援するか」という気持ちで握力をキープすることができます。

　僕がこれを聞いて思ったのは、「採用や人材育成においても同じだな」ということです。

採用要件というのは企業によってバラバラですが、たとえば、有名なサイバーエージェントの採用要件は「すなおでいいやつ」です。あるいは、ある若手スタートアップ経営者の採用基準は「そいつとプライベートでも飲みに行きたいか」だと聞いたことがあります。つまり「好きなやつ」ということです。

　基本的にビジネスにおいては、「仕事ができる人＝利益を生める人」の優先順位が一番高いわけですが、ただそれだけだとやはり「握力」がありません。その人が会社を辞めたい、となったときに「それでもその人と向き合い、応援しつづける」とはならずに、手放してしまうことになってしまいます。

　あるいは、「趣味」においてもそうです。趣味だからといって、嫌なことがゼロなわけではありませんが、「好き＝握力がある」から、頑張れるし、続けることができます。好きだからこそ「悪い形の執着」も生んでしまうかもしれませんが、「パワー」にもなるわけです。

　おそらく、握力が重要なのは「いいときも悪いときも、最後まで諦めない理由となる、何か」だからなのだと思います。そしてそれは「合理だけ」からは生まれないものなのかもしれません。

　あなたは仕事に握力をもっていますか？　鍛えていますか？　そういう視点で重要な意思決定をしていますか？

科学的スタンスと信念の話

「科学的とは、疑うことから始まる。そのため、信念とは真逆にある」

唐突で驚かれたかもしれませんが、少し説明させてください。

結論として伝えたいのは、「勉強ができる人・賢い人ほど、何かを無条件に信じることも大切」だということです。

まず前提として、僕は昔からどちらかというと、「慎重なタイプ」で、いわゆる「用心深い人間」でした。

メディアにも出て様々な活動をしているので、意外に思われることもありますが、僕は「常に石橋を叩きまくってから、渡ってきた」と自己評価しています。

たとえば転職活動。

勢いで転職する、ということはせずに、

「本当にこれで大丈夫なのか？」

「最悪のケースでも生きていけるのか？」

ということを見極めてから、意思決定してきました。

ビジネスの進め方などもそうです。いきなり大きく勝負することはせず、まずは少しずつ、勝てるかを見極めて、勝てるとわかったら大きく勝ちに行く。こういう手順で進めることが多いです。実際、最も一緒に長く働いているメンバーには、「危機察知能力が高い」と言われたりします。

　そして最近思うのは、この「慎重であること」「用心深い姿勢」には、メリットもあるが、やはりデメリットもあるな、ということです。

　まずはメリット。それは、「科学的な姿勢」に近い、ということです。

　歴史を振り返ると、科学とは常に「疑うこと」からスタートしてきましたよね。ガリレオの「地動説」にしてもそうですし、ダーウィンの「進化論」もそうです。あるいは、「相対性理論」も。ほとんどの科学的発見は「常識を疑う」という姿勢から生まれています。

　つまり、科学的＝疑う姿勢も重要ということです。

　もちろん、何でもかんでも疑っていては大変なだけですが、「本当にそうなのか？」「実際、これは確かなのか？」と常に検証しつつ考える癖は、いわゆる、論理的思考や批判的思考を鍛えてくれる側面もあります。

　そして、この科学的であることは、ビジネスでも「卓越した成果」を出すことにつながることもあります。

　「みんなが言っているから、大企業」「みんなが安心って言ってるから、Aを選ぶ」という視点では、他の人よりも卓越した成果や、自分なりのオリジナリティは出るわけが

ないからです。

　一方で、この「科学的なスタンス（＝疑いや疑問を持つ）」ということには、明らかなデメリットもあります。それは、「信念」や「ビジョン」とは反しやすい、ということです。

　いわゆる「信念」や「ビジョン」というのは、偉大な起業家や偉大なクリエイターが、とても大切にしているものだと思います。一方で、こういった信念やビジョンというものは、「疑おうと思えば、いくらでも疑えるもの」ですよね。

　なぜならビジョンは、未来の話であり、曖昧_{あいまい}だから。

　また、信念というのも頭の中にあるものですから、「疑うこと」は意外と簡単なものです。

「信じやすい人は騙_{だま}されやすい」という言葉は普通、悪い意味で言われますが、一方でうまく使えれば「自分で自分をポジティブに騙すこと」だって可能なわけです。

　そして、どちらかというとビジネスの世界でイノベーターと呼ばれる人は、この「信じる力」が強い人なのかな、という気がします。孫正義さんや、スティーブ・ジョブズなんてまさにその典型例ですよね。正確には「疑う力」と「信じる力」の両方を持っている人、なのでしょうが……。ようは力の使い方次第です。

　まとめると、

「人は賢くなるほど、科学的になりたがるが、それは疑うことに慣れてしまっている、ということ。そしてそれは、科学にとってはいいことだが、未来を作る人にとってはマイナスにもなり得る」

ということです。

賢い人や、知識をたくさん持っている人ほど、「否定したり」「批判したり」するのが得意だし、そこにアイデンティティをもっていたりします。もしそういう人が科学者だとしたら、ピッタリだと思うのですが、ほとんどの人は違いますよね。未来を作る側です。

そうであれば、「無条件にポジティブに信じることも大事」だということです。

もちろん人間は、「ゼロか100か」の存在ではありません。自分がどちらのほうが得意なのかを理解した上で、「自分の強みを活かす方法」を理解することが大事だと思います。

僕自身は前述したように、明らかに「心配すること」「用心深く生きること」のほうが得意な人生でした。

一方で、ここから1人のビジネスパーソン、人間として成長していくためには、「疑う姿勢」を忘れて、「無条件で信じる姿勢」を強めていかないといけないな——と最近感じています。

皆さんはどちら派ですか？

「着火力」と
「レジリエンス」を鍛える

　DTVS（デロイトトーマツベンチャーサポート）の社長・斎藤祐馬さんにうかがった、「経営者の育て方」がとても面白かったのでここでシェアさせてください。

　斎藤さんは「日本の起業家、社長の数を増やす」をミッションに、大企業の新規事業創出支援、ベンチャー政策の立案まで手掛けている方ですが、そんな斎藤さんいわく、経営者を育てる上で重要なのは次の3つだと言います。

　①マインド
　②経営スキル
　③ネットワーク

　②の経営スキルや、③のネットワークはわかりやすいので説明を省略しますが、①のマインドに関しては、なんとなく「育てるのは難しそう」と思いますよね。

　むしろ、「経営者になるマインドって、育てられるの？」とも思ってしまいそうですが、斎藤さんはキッパリ「育て

43

られる」と仰っていました。

そのマインド育成に重要なキーワードが「着火力」と「レジリエンス」です。

まず「着火力」とは、会って1〜2分で、相手の心を盛り上げ、自分を魅力づけする力。いわゆる「プレゼン力」に近い言葉です。起業する際はほとんどのケースで、何もない状態からスタートします。そのなかで、「目の前にいる人の心を燃やせるか」というのが、重要な要素だというのです。

もう1つが「レジリエンス」。これは、逆境や大変なときに求められる精神的なタフネスです。

そして、この2つは、なんとトレーニング次第で育てられるというのです。でもどうやって？

まず、着火力から。

着火力のトレーニングは、「Self, Us, Now」というフレームを使って何度も何度も話すこと、だということです。

このフレームは、バラク・オバマ元大統領などがプレゼンで使ったものと言われ、プレゼンにおいて、

・最初に Self ＝私の話をして、

・次に Us ＝私たちの話をして、

・最後に Now ＝今やるべき理由の話をする、

という3段階で展開する、というものです。

こうやって3段階で話すことで、聞いている人が「なぜやるのか？」「誰とやるのか？」「なぜ今動くべきなのか？」に納得できる。その結果、その人たちを巻き込むことができる、ということです。

もう１つの「レジリエンス」の高め方ですが、これは
いわゆる「バックキャスト力（未来から逆算して目標や計画
を立てる戦略的思考）」とでも呼べるものです。たとえば、
「今が苦しい状況だったとしても、10年後に振り返ってみ
ると、楽しかったよな、いい思い出だったよな、と考え、
それを話せること」――そのように定義していました。

　確かに、「苦しかったことも、振り返ってみると意味が
あった」と思えるのだとしたら、逆境や苦境のレジリエン
スは高まりそうです。

　実際に斎藤さんは、入社した社員に対してこの２つの
トレーニングを徹底的にやってもらうようです。そして、
起業家や経営者に大量に会わせていく。そうすると、どん
な人でも自然と「起業したい」となるらしいのです（実際に、
DTVSの新卒社員の多くが２～３年で起業するとのことです）。

　僕の肌感覚的にも、この「着火力」と「レジリエンス」
の両方が強い人は、勝手に周りを巻き込んでいき、成功し
てしまう人が多いな、と思います。

　特に着火力のほうは、僕は普段「インセプトの力＝リー
ダーの力」と表現していました。インセプトとは、「コン
セプトを相手の脳みそにインすること」です。そういう意
味でも斎藤さんのお話には納得感があったのです。

　ぜひ、皆さんも自分の仕事に当てはめてみてください。

　起業家や経営者ほどではなくても、「他人を巻き込む力」
はどんな仕事でも重要なスキルです。着火力とレジリエン
スを高めるためにも、

①「Self, Us, Now」のフレームでやりたいことを話す
②バックキャストして今の苦労や壁を語る
という2つを試してみてはいかがでしょうか？

不安＝
危険÷（処理能力・資源）

いま何らかの不安を抱えている人は多いと思います。そんな人に伝えたい「不安の正体」に関する話です。

皆さん、「認知行動療法」を知っていますか？　認知に働きかけて気持ちを楽にする精神療法（心理療法）の一種です。

僕ももともと知らなかったのですが、数年前に軽鬱かなと思っていた時期があり、そのときに初めて知りました。

認知行動療法は簡単にいうと、「ほうっておくと生まれやすい考え方（＝自動思考）に気づいて、その歪みを整えていく」心理療法です。実際、僕も一番辛いときは、この認知行動療法の本を読んで、ワークブックをやることでだいぶ救われました。

ここでは認知行動療法を勉強するなかで出てきたフレー

ムを紹介したいと思います（もちろん僕は医師でも専門家でもありません。実際にお悩みの方は専門の医療機関を受診してください）。

　皆さんも何かをやろうとするとき、不安を感じたりしませんか？　あるいは、誰かに反対意見を言われたときや、悪口を聞いたとき、不安を感じたりしませんか？　身近な人には意外に思われることもあるのですが、僕はよく不安を感じます。

　認知行動療法によると、過度な不安が起きる際のパターンは、3つの視点で整理すべき、ということが言われています。それが次のフレームです。

「不安＝危険÷（処理能力・資源）」

　ここでいう「3つの視点」とは、
　①危険
　②処理能力
　③資源
のことで、不安が起きるのは3つのうちのどこかに認知の歪みがある、ということです。

　式の右側を見ると、分子が「①危険」で、分母が「②処理能力」と「③資源」の2つです。つまり分子の「危険」を過大評価しているか、分母の「処理能力・資源」を過小評価していると、「不安になる（不安が大きくなる）」というのです。

　もう少し具体的に説明していきます。

まずは「①危険を過大評価している」とき。

　たとえば、飛行機に乗っているとき「もし、落ちたらどうしよう？」と考えすぎると不安になりますよね。このときまさに、「①危険を過大評価している」といえます。

　あるいは、職場でいうと「上司に怒られるとクビになる」と考えるようなこともそうです。

　これらの２つが起こることは、もちろんあり得ることではありますが、明らかに「過大評価」ですよね。

　２つ目は「②処理能力」について。

　これは、「自分の処理能力を過小評価する」と不安になりやすい、ということです。たとえば難しい仕事が降ってきたときに、本当は３日あれば終わらせられる、とします。でもここで自分の「②処理能力を過小評価」すると、「こんなの終わるわけない！」と不安になるわけです。

　最後が「③資源」です。

　ここでいう資源とは、「助けを求められる人や、自分が持っているもの」というイメージです。

　たとえば１人ではできなそうな量の仕事を任せられたときに、「全て自分１人でやらないといけない」と考えると、不安になりますよね。このとき、本当は周りにサポートしてくれる人がいるのに、そうした「③資源を過小評価」してしまうと、不安になる、ということです。

　自分の経験に落とし込んで考えてみても、この式は改めて本当によくできているなと感じます。たしかに不安に感じすぎるときというのは、この３パターンが多いのです。

もちろん僕たちにとって、心配したり不安に思ったりすることは必ずしもマイナスなことばかりではありません。不安に思うことで、危険を避けることができるようにもなるからです。でも、不安が過度になりすぎると、マイナスなことのほうが多いのも事実です。そんなときに、このフレームワークがあれば、

「なぜ自分は不安に感じているのか？」

「どうやったらその歪みを整えられるか？」

　といったことのヒントが見つかりやすくなると思います。

　もしあなたが不安を感じやすい傾向をもっていたり、いまいち新しい挑戦ができなかったりするなら、このフレームを使って整理してみてはいかがでしょうか？

　きっと、①危険の過大評価、②処理能力の過小評価、③資源の過小評価のどれかに陥っていることを、メタ認知できるでしょう。

矛盾と進歩の運動

　僕は最近、ヘーゲルの弁証法を学んでいます。そのなか

で面白かったのが、ヘーゲル流の「世界の進化の方法」の話です。

「世界の進化」といっても、「人間がどうやって人として成熟していくか？」「成長していくのか？」といったことにも通じている話だと思いますので、ここで紹介します。

ヘーゲルの理論は、ざっくり解釈すると「道徳と法律。この２つがぶつかることで、螺旋階段のように進む」ということです。

ここでいう道徳とは「人間の中にある価値観や考え方、モラル」であり、法律とは「ルールや社会が決めた法・システム」のことです。この①道徳と、②法律の２つが「矛盾」し、そして解決したときに進歩が起きる——こういう話です。

どういうことか？　具体例で説明します。

たとえば、信号機。

信号機や道路の使い方を規制する法律などない時代においては、みんな好き勝手に道を歩いていました。自動車が登場してからも初期のうちは好き勝手に走っていたと思います。結果どうなっていたかというと、秩序がなく、人々は生活しづらかったと思います。

そこで、道路を取り締まる法律が作られ、信号機が設置され、「赤信号では通行してはいけない」というルールになりました。それと同時に、これに準じて「人間の道徳」が進化します（＝赤信号では止まるべき、という考えを持つ）。

つまり、道徳と法律がリンクしながら進化したというこ

とです。

　一方で、実際にこのルールを運用しはじめてみると、もちろん完璧ではない面が出てきます。たとえば、救急車や警察の緊急車両が現場に急行しているときでも、赤信号だと止まらないといけない。結果、救える人が救えなかったりして、困る人が増えてしまいます。

　そこで「赤信号は原則的にNG。一方で、救急車など緊急の事態は例外的にOK」というルールに変わります。そうしてこのルールが実際に運用されるようになると、僕ら側の道徳観もまた進化します（＝青信号だと通って良い。ただし、救急車やパトカーのサイレンが近くに聞こえる場合は、優先的に譲るべきである）。

　やはり、道徳と法律がリンクしながら進化しています。

　こうした話をヘーゲルは、次のようなニュアンスで表現しています。
「人のあらゆる認識は、矛盾と進歩の運動から起きている」
　上記の信号機のケースであれば、
「Aという認識と、Bという認識。この2つがぶつかって矛盾が起きる。そしてその矛盾を解決するような形で進化が起きる」
　ということです。

　赤信号では通行してはダメ
　　→でも、緊急車両が止まると結果的に皆が不幸になる
　　　→矛盾が生まれる

51

→ルールと道徳観が変わる
　　　　→解決

　という流れです。このとき社会は、「道徳」という人間の価値観の部分と「法律」という社会の規制の間をぐるぐるぶつかりながら進化しているわけです。

　だからなに？　と思われる人もいるかもしれませんが、この話は社会の進歩、という大きな話だけではなく、1人の人間のキャリアにも同じことがいえると僕は思います。

　つまり、人間は道徳とルールの矛盾にぶつかり、解決していくことで進化していく面がある、ということです。

　自分はAであるべき、という道徳感がある
　　→でも、実際のルールや社会の現実にぶつかり
　　　→矛盾が発生する
　　　　→でも、その矛盾を解決できる形を模索する

　ということです。そうして1人の人間として成長し、キャリアを作っていくのではないでしょうか。

　たとえば、自分は優等生でなんでもできると思っていた人が進学校に進み、「あ、実は自分より勉強も運動もできる人がいるんだ」と気づく。自分の中で「矛盾」が起きます。しかし、「自分はなんでもできる人間ではないけれど、○○という部分に関しては努力すれば成果を出せる」というような現実に近づいていく。まさに「弁証法」的に進化していくわけです。

何が言いたいかというと、「矛盾とは実は、エネルギーと進歩の源である」ということです。

生きていると、矛盾にぶつかったり、葛藤したりしますよね。でも、実はその多くは「自分が進歩する手前」で起こっていたりするわけです。

あとはその矛盾を解決するような「道徳側の成長」か「ルール側の変化」が求められている。

そう考えると少し楽になりそうじゃないですか？

僕はこう考えて、自己の矛盾に取り組むように心がけています。

口癖を見直そう

「口癖を見直す」ことが重要だなと思うことが、最近ありました。

僕にとって、本項を書いている年は、まさに"暗中模索"とでもいえるような1年でした。何か原因があってパフォーマンスが出せないとか、成果が出ていないとかなら

まだわかるのですが、そうではなく、「なんとなくの停滞感がずっと続く」ような感覚。たとえるなら「ゾンビ」みたいな年とでもいうのでしょうか。

別に絶不調というわけでもないが、好調でもない。低体温がずっと続いている――そんな感じです。

ただ、そんな状態になる予兆を見抜き、避けるための方法を最近見つけました。それが「口癖を見直す」という方法なのです。

前提として、僕には若い頃から口癖があります。

それが「そもそも〜」という言葉。

あるいは、「本質的には〜」という言葉もよく使います。

しかし、先日「あ、そういえば最近はこの言葉を全く使っていない」と思ったのです。具体的には、この半年ぐらい「そもそも〜」とか、「本質的には〜」を全然使っていないことに気づいたのです。以前はおそらく、1日1回以上は使っていたはずです。

それに気づいてからは、積極的にこの2つを使うようにしました。そうすると、びっくりするぐらい「いいときのパフォーマンス」が戻ってくる感覚がありました。

つまり、僕にとっていいときのパフォーマンスは「本質論」を考えているときに起きやすい。そしてそのKPI（指標）がこの2つの口癖だったのです。

そもそも（口癖です）、「思考」と「言語」は密接な関係にありますよね。両方が影響を与え合う存在です。「思考→言語」もあるし、「言語→思考」もある、双方向的なも

の。

たとえば、言語を使わずに深い思考をすることは不可能ですし、汚くて浅い言葉を使う人は思考も浅い。反対に思考が深い人は言葉にも重みがありますし、浅い人は言葉も浅い。つまり、思考と言語はそもそも２つで１つの存在。

だから、思考が本来のあるべき姿ではない状態を半強制的に元に戻すには「言語」、より正確には「口癖から見直す」という方法がとてもいい、ということなのかもしれません。

実際、僕は口癖を見直すようにしてからパフォーマンスが明らかに上がりましたし、口癖を直すことはゼロ円ですからめちゃくちゃコスパいいな、とも思います。

皆さんも一度、「口癖を見直してみる」のはいかがでしょうか？

いいときに自分が使っている口癖と、悪いときに自分が使っている口癖は意外と違うかもしれません。

ぜひ今日にでも、

・自分がいいときに使っている口癖はなにか？

・悪いときに使っている口癖はなにか？

を内省してみてください。明日からの仕事のパフォーマンスに影響があるかもしれません。

バカにされることの大切さ

　ある大きなプロジェクトをやっているときに思った、「バカにされることの大切さ」についてシェアします。

　バカにされる、と聞くと、普通は嫌な気持ちになるネガティブな印象がしますよね。でも、僕が思うに、実は「バカにされる」ことは、ものすごく重要なことなんじゃないかなと思うのです。

　その理由は2つあります。

　1つは「自分の本当の気持ちがわかる」から。

　もう1つは「まだ誰も気づいていないチャンスが眠っている可能性がある」からです。

　解説しましょう。まず1つ目の「自分の本当の気持ちがわかる」ということからです。

　何かやりたいことがあったときに、周りにバカにされると、どうでしょう？　やめようかなとか、ネガティブな気持ちになったりしますよね。少なくとも喜ぶ人は少ないと思います。

　でも、そのバカにされたことが、自分が「本当に」やり

たいことだったとしたらどうでしょうか？

　おそらく、嫌だなとは思ったとしても、きっと続けるはずです。なぜなら「本当にやりたいこと」なら他人にバカにされても、関係ないからです。

　つまり、バカにされることは「自分が本当にこれをしたいと思っているのか？」と考える機会になる。これが1つ目です。

　2つ目が「まだ誰も気づいていないチャンスが眠っている可能性がある」です。

　そもそも、バカにされるということを、見方を変えてみるとどういうことになるでしょうか？　たとえば、「周りが価値に全く気づいていない」という見方ができないでしょうか。価値に気づいていないから、バカにするわけです。

　でも、もしあなただけは違うとしたら？　あなただけがその価値に気づいていたとしたらどうでしょうか？　これはいわずもがな、めちゃくちゃチャンスですよね。

　YouTuberも今となっては「チャンスがあること」が知られていますが、数年前までは「まだ多くの人が気づいていなかった」領域でしたよね。

　昔はYouTuberもテレビタレントなどにバカにされていました。でも、今やどうでしょうか？　黎明期から続けてきた人気YouTuberはテレビタレントと比べて桁が違うほど稼いでいたり、人気があったりします。

「バカにされる」というのは、実は、見方を変えればかなりチャンスがあるかもしれないということですし、反対に

「全くバカにされない」ということは、実は自分が何にも挑戦していないということを表している可能性があるとすら言えます。

　つまり、「バカにされない＝期待値通り」「バカにされない＝順張りだけ」ということです。つまり、過去の延長線上でしか自分が仕事やチャレンジをしていない。周りがいいと思っているものだけに飛びついているかもしれないということです。

　話を戻しますが、冒頭に書いた大きなプロジェクトも同様でした。最初は反対意見もたくさんありましたし、「絶対無理でしょ」とも言われました。

　でも、実現しました。というより、実現するように持っていきました。

　その際に改めて思い出したのは「バカにされることって、実は大事だな」ということ。特に年をとると、どちらかというと権威側にいくことが増えます。そうすると「バカにされるより、バカにすること」のほうが簡単になったりします。皆さんはどうでしょうか？

　バカにされていますか？

　バカにされることを過度におそれすぎていませんか？

　あるいは、今もし、あなたがバカにされていたとしたら、実はその裏側には大きなチャンスが巡ってきているのかもしれません。

「葛藤と手を繋ぐこと ＝真の成長説」

　新卒社員の入社式で、「真の成長とは」というテーマで話をしたことがあります。

　結論からいうと、「新しい種類の葛藤と手を繋ぐことが、実は成長ですよ」という話をしました。

　ここでのキーワードは「葛藤」です。

　働いたり、生活したりしているなかでは様々な「葛藤」が必ずありますよね。そして僕がいつも思うのが、

「葛藤の中身って、今の自分のステージを如実に表しているな」

　ということです。また別の見方をすると、

「葛藤の種類が変わった＝実は人生のステージが変わった」

　ということです。よくわからないかもしれないので、具体例で説明します。

　僕の例でいうと、20代後半から34歳頃まで、ずっと「ある葛藤」がありました。それが、自分の中にあるクリエイターとしての側面と、マネジメントをする人間として

の側面。これらがお互いに攻撃し合って、すごく苦しい時期がありました。相反する2人が自分の中にいるイメージでしょうか。「本当の自分はどっちなんだ？」と葛藤する場面が多くあったのです。

ただ、34歳のときに、その「葛藤」を乗り越え、相反する"2人"が仲良く手を繋ぐことができるタイミングが来ました。その瞬間、僕は「自分は成長したんだな」と気づき、自分が次のステージに進んだ感覚を覚えました。

実はこれは普遍的な現象だと僕は思います。「今、目の前にある、どうしようもない葛藤と手を繋ぐこと」——これが真の成長のシグナルだったりするわけです。

さらに言い換えれば「葛藤が変わらない＝進化してない」とも言えますし、反対に、5年くらい経ったとき「あぁ、あのとき大変だったけど、今思うと大したことないな」と感じられることが成長だと思うのです。

新入社員もそうです。

たとえば、1年目だと「ありたい自分の姿があるけれど、自分の実力が全く追いついていない」「もっと自分は仕事ができると思っていたけど、全然できていない自分がいる」「本当は自分のやりたいことがあるけれど、他人の目を気にしてしまって動けない」などなど……こういう葛藤って、誰にでもありましたよね。

自分が「どんな種類の葛藤をするか」を把握すれば、自分のステージが如実にわかったりもします。

ここで何が言いたいかというと、実は「新しい種類の葛藤と手を繋ぐこと＝成長なのではないか」ということです。

スキルや知識での成長は目に見えやすいですが、人の本質的な成長というのは見えづらいものです。そんなときに、「葛藤の種類」にフォーカスしてみると意外と見えてきたりするものです。

今、葛藤していたり、何かに悩んでいたりする方は、「葛藤と手を繋ぐ＝真の成長かもしれない」と考えてみてはどうでしょうか？

高い才能を持つことより、才能を高い次元で使う

僕は以前、TEDx で登壇したとき、『スター・ウォーズ』のダース・ベイダーを例に取り、「高い才能を持つことよりも、その才能を高い次元で使えることのほうが価値がある」という話をしたことがあります。

でも最近は、「これはやはり理想論なのかな？」と思わされるような出来事が多い気がしています。才能あるアントレプレナーが"炎上"したり、とあるスタートアップの起業家が起こしたお酒のトラブルなどの報道を目にしたりすると、「才能や力があること」について否が応でも考え

させられます。

　資本主義の中ではお金を持っている人や稼げる人が強いのは間違いないです。どれだけ、アンモラルなことが起きても、自分がその人たち以上に稼いで実績を残していない限りは、やはり「負け犬の遠吠え」に聞こえる節もあります。

　でも、僕自身は自分の考えを「おそろしく甘っちょろい」とは理解しながらも、それでも理想を忘れずに、社会の中で弱い人にも耳を傾ける気持ちを忘れることなく、資本主義の中で絶対に勝ち抜かなければならない、と改めて感じています。

　多分、僕が資本市場の中で本当の意味で成果を出し、誰がどう見ても成功した、と言われるためには、あと10年はかかると思いますし、おそろしく地味でつまらない日々のなかで鍛錬していかなければ、そこに到達できる気もしません。

　それでも、その先にあるものを信じて日々"石"をコツコツ積み上げていきたい、と思います。でも、それは1人では絶対に達成できないことです。

第 **2** 章

［ 仕 事 術 ］

自分に「期待値」を
発生させる！

コツコツやることの大切さ

　以前自分のコミュニティ内で、メンバーから「北野さんはよくコツコツ積み上げてますよね」と言ってもらえたことがあり、とてもうれしく思ったことがあります。

　僕は、「人生とは長期戦であり、一方で短期戦である」と常に思っています。

　どういうことかというと、毎日、「長い目でみたときに勝てること」を、「"いつか"なんてない」と思いながらしつこくやり続けているのです。

　死んだときに残したいと思えるようなものだけを毎日コツコツ作ること。習慣を繰り返すこと。これです。

「もういいんじゃないですか？」「そんなに毎日やる必要ありますか？」などと聞かれても、答えは「ある」です。

　先日 TED で聞いて面白いと思ったのが、
「ギブアップはいいけど、クイットはダメ」
　という話です。

　ロッククライミングを練習しようとしている少女。彼女

は今日登ろうとした。でもダメだった。だからギブアップした。

　だけど次の日もその次の日もまた登ろうとした。そしてついに目標を達成した。彼女は言いました。

「ギブアップとクイット（辞める）は違う。そしてギブアップはいいけどクイットはダメ」

　これは人生そのものですね。人によっては「何かをクイットすること」がとても大切なときもあります。でも人生で大切な目標があるならば、「ギブアップはしてもいいけど、クイットはしない」というのは格言だと思います。

　皆さんの場合はどうですか？

企画にあだ名をつけよう

『Forbes JAPAN』による編集の公開会議に参加したときに聞いた、編集長の藤吉雅春さんの話がとても面白かったのでシェアします。

　それは、「企画にはあだ名をつけよ」という話です。

　あだ名といっても、ネガティブなあだ名ではなく、ポジ

ティブなあだ名です。

　たとえば皆さん、「ラクスル」ってご存じですか？　スタートアップやIT企業に勤める人なら知らない人はいないと思います。

「ラクスル」はネット上で激安で印刷できるサービスを祖業にしながら、複数の事業を展開している企業です。

　ラクスルの創業者・松本恭攝さんは今でこそカリスマ経営者として有名ですが、もちろん無名だった時代がありました。そのころに藤吉さんが彼を取材したことがあったそうですが、松本さんはその取材中に「ずーっと、ジョブズの話」をしていたらしいのです。

　ラクスルの事業内容を聞いても、ずーっとジョブズの話をしている。藤吉さんはそれを踏まえて、松本さんにあるあだ名をつけて、記事の見出しにしました。それが、「ジョブズの申し子」というあだ名です。

　ジョブズの申し子……すごいあだ名だなと思いつつも、まさにこれこそメディアの役割だなぁ……とも思いました。

　自分で自分を「私、ジョブズの申し子です！」と言うことはさすがにできない（相当サムい……）ですが、周りがそれを言うことはアリですし、定着します。実際、松本さんの知名度はそこから一気に上がっていったようです。これが「あだ名をつける」ということの効果の1つでしょう。

　僕が思うのは、この「あだ名の思考法」は、他にも転用できるのではないかということです。

　たとえば、チームビルディング。

チームの中のメンバーに「良いあだ名」をつけていくだけで、その人の強みや特徴が一気にわかります。あだ名は、その人を表現するキャッチコピーのようなものだからです。

あるいは「企画」でもそう。

ある企画を紹介するときに「この企画を人にたとえると、〇〇な人です」などと言えば、それをフックにして話題になりやすくなるかもしれません。

「あだ名の思考法」は汎用性が高いと思います。皆さんもぜひ、自分がやっている「企画」や、自分の「チームメンバー」に、いいあだ名をつけてみてください。マーケティングやブランディング、アイデア力のトレーニングにもきっとなると思います。

選択肢は「最大値」で選ぶのもあり

昔、ゲスの極み乙女のベーシスト・休日課長が言っていたことで、とても印象的だった話があります。

それが人生で迷ったときに参考になる、「最大値で選ぶ」という話です。

休日課長はもともと新卒で大手メーカーに就職していて、土日にアマチュアミュージシャンとして活動していた時期があります。最初は名前も出せなかったので、ペンネーム的に作った名前が「休日課長」だったといいます。

　その後、ゲスの極み乙女はご存じの通り、ヒット作を手掛け、テレビ CM 曲としても使われるようになり、一世を風靡していきます。

　その過程で、休日課長はサラリーマンを辞めて、音楽の道一本で生きていくことを決意します。

　当時、葛藤もあったといいます。それもそのはずで、休日課長が勤めていたメーカーは、日本人なら誰もが知るような大きな会社で、仕事は安定しています。

　休日課長は迷い、当時の上司に相談したといいます。幸いにもその上司がすごくいい上司だったらしく、次のような趣旨のことを言ってくれたそうです。

「2つの道のうち、それぞれで大成功したときのことを考えろ。どっちのほうがワクワクするんだ？　そのワクワクするほうを選べ」

　答えはミュージシャンの道でした。そして実際にその言葉をきっかけに彼は会社を辞め、成功していくわけです。

　キャリア論的な見方をすると、これはリスクもある選択肢です。ミュージシャンとして食べていける可能性はとてつもなく低い（ように思える）。そのため、期待値ベースで考えるとサラリーマンのままでいたほうが、食べていける可能性が高いと言えるかもしれません。

また、この話はある意味で結果論なので、「ワクワクする道を選んだ結果、成功できずに終わった人」のほうが現実的には多い可能性だってあります。成功者バイアスがかかっている可能性がある話でもあります。

　あるいは、「迷ったら大変なほうを選べ」という言葉もあったりしますよね。この言葉も同様に、成功者バイアスがかかっているように見えます。僕自身は、「あえて大変なほうを選ぶ必要性もないんじゃないかな」という気もしますし……。

　ただ、「ワクワクするほうを選べ」「大変なほうを選べ」のどちらの格言にも、その裏には大切な共通点があるとも思います。

　それは、

「迷ったときに、合理を超えた基準を持っているやつは強い」

　ということです。なぜか？

　結局、ほとんどの人は迷ったときに、よくある選択肢や、簡単な選択肢を選ぶわけです。その中で「全然違う基準で物事を選べる」、そんな覚悟を持つやつがいたらどうなるのか？　その人は他とは違う成果を出しやすいんじゃないか？　だから、普段は合理的に考えていてもいいけれど、本当に迷ったときには、合理を超えたような基準を持っておきなさい、それが人間の深みに繋がるよ──そういうことなのかな、と僕は感じたのです。

　僕自身、今でも悩むことはたくさんありますが、その際

に大切にしているのは、

「迷ったら合理を超えたような基準から考える」

　ということだったりします。

　皆さんはどうですか？

「何かしら１つでもいいので、合理を超えた意思決定の基準を持っていますか？」

「それが、困ったときや、自分が"どん底"にいるときにすら思い出せるレベルに昇華されていますか？」

期待値を発生させよう

　ビジネスにおいても人生においても、「その場に、期待値を発生させること」は重要です。

　以前、著書『仕事の教科書』の新聞広告が掲載され、これまで広告自体は何度も掲載されたことがありますが、それらと比較しても特に「効果」が大きかったことがあります。

　この広告は、事前にクリエイティブを見せてもらったときから「あぁ、これはハネそうだな（＝効果が出そう）」と

思っていました。

　なぜかというと、「内容のチラ見せ」の仕方がうまい、と思ったからです。言い換えると、広告を目にした人の「期待値が発生しやすい」と感じたからです。

　広告を打つ目的は、「認知」の獲得や、「興味」の獲得など様々ありますが、一言でいえば「期待値を発生させ、購買につなげること」だと僕は思っています。キーワードは「期待値」です。

　たとえば、アイスのテレビCMだったとしたら、「新しいアイスが発売されたらしい！　ピスタチオ味で、とても美味しそう！」。あるいは、不動産なら「ここに住んだら、素敵な生活が待っていそう」。広告を見た人に対して、何かしら「次の行動につながるような期待値」を発生させられるか、がとても重要だと思います。

　反対に言えば、どれだけ「新発売のアイスが出た」ということを認知させられても、「食べてみたい！」という期待値や「どんな味なんだろう？」という期待値が発生しない限りは、広告の効果は半減すると僕は思います。

　少し話はそれますが、以前、『嫌われる勇気』などを書いたブックライターの古賀史健さんと話したとき、「売れている児童書は、to be continued がうまい」という話を聞いたことがあります。

「to be continued」は、アニメや漫画などの連載ものでよくある、「つづく」という意味の言葉。これが、「うまい」ということです。

　わかりやすい例でいうと「犯人は誰だ!?　答えは……

次の章で！」といったイメージです。気になってどんどんページをめくってしまうということです。この「to be continued 的要素」が章の終わりにあると、次はどうなるのか？　と読者が気になってページをどんどん進める（＝最後まで読まれる）というわけです（ちなみに児童書『かいけつゾロリ』などがそういう構造になっているようです）。

　これはまさに、次どうなるの!?　といった「期待値を強く発生させている」ということですよね。そして「もしかしたら××かも」と人は思うと、それを確かめたくなる、ということです。

　そう考えてみると、営業マンでも「次に会ってみたい」と思われる人は、期待値を発生させるのがうまいし、適切です。「次に会ったらもっと有益な情報やソリューションが提供されるかも」と期待させる人でしょう。

　先述の新聞広告でも、キャッチコピーや推薦文、ランキング情報のほかに、具体的な内容の一部を掲載していました。そのことで「この本、かなり実践的で面白そうかも」という期待値をうまく発生させていました。つまり、うまく「チラ見せ」をさせていたということです。

　これは WEB サービスや、マーケティング活動、イベントなど、あらゆることにおいて同じだと思います。集客がうまいケースは「期待値の発生のさせ方がうまいし、適切」なわけです。だから「知らない人」でも参加できるようになっています。

　言い換えれば何事も「チラ見せをうまく使って、もともと興味なかった人に、面白そう！　という期待値を発生さ

せることが大事」ということ。そうすれば「もともと興味があった人」に加えて、「広告が目に触れて初めて知った人」も参加してもらえる。集客に成功する、ということです。

ちなみに、チラ見せの際のポイントは以下です。

①「面白そう」「役に立ちそう」「心配しなくていい」と思ってもらうことが重要なので、具体的な例や話を入れる。

②出し惜しみせずに、一番の肝の部分をチラ見せする（出し惜しみしても意味がない）。

人を集めたい、イベントをアピールしたいというときにはぜひ、「チラ見せを使って、うまく期待値を発生させること」を意識してみてください。

イシューとソリューション「反比例の法則」

最近、僕が気づいたことに「イシューとソリューション『反比例の法則』」と呼んでいるものがあります。

ここでいう「イシュー」とは「課題、問題」のことで、「ソリューション」とは「解決策、提案」のことです。つ

73

まりこの法則が意味するのは、「イシューの難しさとソリューションの難しさは、反比例させたほうがいい」ということになります。

　より補足すると、

・イシューが複雑であるほど、ソリューションはシンプルであるべき、

　であり、一方で、

・イシューがシンプルであるほど、ソリューションは精緻(せいち)なほうがいい、

　ということです。さらに簡潔に要約するならば、「問題が簡単なら、ソリューションは精緻で複雑にしよう。問題が難しいなら、反対にソリューションは簡単にしよう。そうしたほうがうまくいくことが多い」となります。

　具体例で話します。

　スカイマークという航空会社を再生した、佐山展生(さやまのぶお)さんという経営者の方とメディアで対談させていただいたことがあります。

　佐山さんはインテグラルという会社の取締役パートナーで、企業再生を専門とされています。この佐山さんがスカイマークを再生するときに掲げた目標が「定時運航率でNo.1」ということでした。佐山さんはこれだけを何度も何度も社内外に伝え続けたらしいです。

　そして、結果的に5年連続で定時運航率No.1をとって事業を再生させた、といいます（新型コロナウィルス感染症の蔓延(まんえん)が影響する以前の話です）。

この話の面白いところが、航空会社の事業再生という一見するとめちゃくちゃ難しそうなテーマに対して、「定時運航率で No.1」というシンプルなコンセプトを最重要とした、ということだと思います。

　これがまさに、「課題が複雑であるからこそ、ソリューションはシンプルに」という構造です（もちろんこの目標を達成する上ではプロセスは大変だったと思いますが）。

　別の例もあります。

　Amazon でいうと、創業者のジェフ・ベゾスは「全てを顧客起点で考える」ということに異常なほど固執したといいますし、Apple のスティーブ・ジョブズもそうですよね。機能としてたくさんのことができるが、できるだけシンプルな使い方を目指した結果生み出されたのが iPhone です。

　実際ジョブズは、「思考をシンプルにすれば山をも動かせる」といったようなことも言っています。

　ではこれを、もう少し僕たちでも使える身近なテーマに置き換えるとどうなるでしょうか？

　たとえば「人生を幸せに生きるとは？」といった、一見すると超抽象的で難しそうなテーマでも、この法則を当てはめると "ソリューションはシンプルであればあるほどいい" ということになります。たとえば「家族の信頼を第一にする」や、「自己実現のみを第一にする」などがソリューションとなるでしょうか。これが、「イシューが抽象的で複雑なら、ソリューションはシンプルであるべき」ということです。

反対に、「課題がシンプルなこと」とは、具体的にはなんでしょうか？

　たとえばですが、「あるマーケティング上の数字を3％上げる」「体重を3kg減らす」のような例です。

　この場合、課題がシンプルですから、できるだけ、ソリューションのほうはしっかりと網羅的に実施したほうがいいということになります。

　なぜかというと、「シンプルな課題に、シンプルなソリューションだと、抜本的な解決にならないことが多い。あるいは、誰でも思いつく＝差別化要因になりづらいから」だと思います。

　簡単にいうと、「誰でも思いつくのにできていない＝もっと抜本的な要因がある」ということですね（もちろん、実施するのは別の難しさはありますが）。

　これが僕が「反比例の法則」と呼んでいるものなのですが、ちなみに、なぜこんなことが起きるのかといえば、それは「人間の直感に反しているから」だと思います。

　普通の感覚でいうと、"比例"しますよね。

　つまり、

・問題が簡単＝解決策も簡単

・問題が複雑＝解決策も複雑

　と想像しますし、そう考えることが多いと思います。ですが、その状態で問題が解決されていないからこそ「問題が問題としてありつづけている」わけです。つまり、この"比例"した思考ではそもそも問題が解決できないことが

多いということです。

　それに、難しい課題に対してソリューションを絞り込む
のは、とてつもなく深い洞察力と知恵が必要です。

　だからこそ、この反比例の法則が成り立つのかな、と僕
は思っています。

　この法則を意識して、議論で発言したり、問題について
考えてみたりすると、「他の人と違う視点」を割と簡単に
手に入れられるかもしれません。

状態目標は諸刃の剣

　「状態目標」は「諸刃」なので、気を付けてください。

　ここでいう「状態目標」とは、「こうありたい」という
Being系の目標を指します。「諸刃」は、諸刃の剣という
言葉もあるように、相手にも打撃を与えるが、それと同じ
ぐらい自分にも打撃を与えるという意味です。

　つまり冒頭の言葉は、「状態を目標に置くこと」は、諸
刃の剣にもなる、ということです。

そもそも僕は、人間が最後に行き着くところは「状態目標」に近いと個人的には思っています。自分がこうありたい、過去最高の自分でありたい、自分が死んだときにこうあってほしい──といったような状態を目指すということです。著書『転職の思考法』の中で、「ToDo型の目標を持っている人は少ない」「Being型の目標でいい」と書きました。

　こうした状態目標を置くことは、仏教やキリスト教など多くの宗教においても言われていることで、「人間を深める」には効果的だったりします。それはなぜかというと、「"とは"質問」をするからです。

　たとえば、「過去最高の自分"とは"」「理想の自分"とは"」「あるべき経営者像"とは"」──こうした質問はとても抽象的で、抽象的であるがゆえに答えるにはしっかりそれと向き合い、言語化する必要があります。その結果、他の人には到達できないような深い思考に辿り着いたりします。

　ただ一方で、この「状態目標を置くこと」にはリスクもあると思います。なぜなら、「"とは"質問」は、曖昧であるがゆえに、「足りない部分」に目が行きがちになるからです。そうして剣が自分のほうに向けば、自分を傷つけることになってしまいます。

　たとえば、子どもが「いい子でありたい」という目標をもったとしましょう。いい子ってなに？　ということになると思いますが、現実的には「いい子」というのは、誰に

とってのいい子なのかによって全く意味合いが異なります。その結果、自分を見失い、「自分を肯定できない」ことにつながってしまいがちです。

　では、どうすればいいか？

「状態目標を置いたら、きちんと、Do（動詞）でも整理する」ということが大切だと思います。

　先の例であれば、「理想の自分でありたい」という状態目標を置いたならば、「それは具体的にはどういう行動をしているということか？　どんな時間の使い方をできている状態か？」と Doing、いわば動詞でも語る。

　言い換えると、

「状態目標を置いたら、周辺の行動の解像度を上げる」

　ということになります。

「いい子でありたい」であれば、「いい子である」とは具体的にはどういう行動を意味しているのか？　なにをもって「いい」と評価するのか？……となります。

　会社でも等級と、その等級に紐づく行動様式が定義されていることが多いですが、それに近い考え方かな、とも思います。

　状態目標を置いている方は、同時に、

「その解像度を上げる質問をしているか」

「解像度が高いか」

　を考えられているでしょうか？　ぜひ参考にしてもらえるとうれしいです。

戦略とは色塗りゲーム

　僕は本業で取締役 CSO として活動しています。

　CSO というのは、Chief Strategy Officer、つまり最高戦略責任者という意味です。名前は物々しいですが、ようは戦略の責任者、ですね。

　ただ、この「戦略」という単語はすごく難しい言葉だな、と思います。「戦略って何?」といきなり聞かれても、答えるのはけっこう難しいですよね。

　まず、一般的な定義はこうらしいです。

「戦術の上位概念として、一般に師団やそれ以上の大戦闘単位の軍事行動を計画・組織・遂行するための通則をさす。国家戦略や企業戦略のように非軍事的な分野に応用されることも多い。」(小学館『日本大百科全書(ニッポニカ)』より)

　……ちょっと難しいですよね。

　もう少しシンプルに考えたいところです。そこで、僕が最近気づいた、「戦略って、ようは色塗りゲームなんだよな」という話をしてみたいと思います。

ここでいう「色塗りゲーム」とは、具体的には以下の4つのプロセスです。

　①色を塗る「枠」を決める

　②「枠」を塗りやすいように「エリア」に分解する

　③「エリア」ごとにシェア目標と担当者を決める

　④色を効率的に塗れる状態を作る。色を塗る上での障壁を予測し、事前に取り除く

　という4つです。

　実際例で考えてみましょう。たとえば、あなたが今、グルメサービスを展開しているとします。

　上のプロセスに沿うと、まず、そのグルメサービスの「枠」を決めることになります。「アプリ市場」なのか、「WEBブラウザ市場」なのか、「店舗ビジネスの〇〇地域」なのか……色を塗るための「枠」を決めるわけです（①）。

　次は、色塗りがしやすくなるように「エリア」に分解します。たとえば、店舗であれば、関東地域の「東京都の23区」と「23区以外」と「大阪エリア」といったふうにです（②）。

　その次は、エリアごとに「シェア目標」と「担当者」を決めます。上の例であれば、「23区はAさんで、年内にシェア10％目標」「23区以外はBさんで、シェア5％」といった感じです（③）。

　最後は、それぞれのエリアで現場の人が「色塗り」をしやすいような状態を作ります。たとえば、採用や育成、あ

るいはマーケティング施策だったり、予算やシステムなど
を整えたりすることです（④）。

　この「色塗り」の考え方が面白いのは、実は誰でも参加
しやすくなるという点です。いきなり、「キリンの絵を描
いてください」と言われたら躊躇する人が多いと思います
が、色塗りだとどうでしょうか？　「キリンの絵はあるの
で、あとは色塗りだけをしてください」と言われたほうが、
一気にやりやすくならないですか？　黄色や黒色を使って
体を塗って、目は茶色と白、黒を使おうか……などと、や
ることもイメージできますよね？

　つまり、「誰でも参加できる色塗りゲームにまで落とし
込むことが戦略の本質」なのかな、と思うわけです。

　どこの色を塗ればいいのか？　なぜ、この色を塗ってい
るのか？　この２つが明確になっている状態は強い、と
言うこともできるでしょう。

　僕は漫画のなかでも『キングダム』や『三国志』が好き
ですが、これらの作品のなかで描かれているのはまさに
「色塗りゲーム」ですよね。「〇〇地域を統一する」「〇〇
地域を統率している将軍がいる」……つまりは、戦地を塗
り合っている話です。

　ここで重要なのは、この色塗りのエリアは「どんどん細
かくして、分解できる」ということです。

　シェアを分解すると売上目標になりますし、売上目標を
分解すると行動目標や、セグメント別の目標になります。
そうして分解していくこと、これも戦略の本質のように思
います。

僕はこの考え方を理解してから、一気に戦略の解像度が上がりました。皆さんはどうでしょうか。自分の仕事や個人目標で、きちんと色塗りゲームができますか？

人を選ぶ技術とは？

皆さんは『人を選ぶ技術』という本をご存じでしょうか？　著者は小野壮彦さん。エゴンゼンダーというエグゼクティブサーチファームでパートナーをされていた、「エグゼクティブ層」を見るプロのような方です。

彼が本の中で、「人を選ぶ視点」を語っているのですが、これがとても参考になりました。

ポイントとしては、以下の6つの視点をベースに「候補者」を評価するようです。

＜成果を出す力＞　①戦略性、②達成思考、③変革思考
＜ベースメントの力＞　④好奇心、⑤洞察力、⑥胆力

　　　　　　　　　　　　（※書籍ではより詳しく書かれています）

これら6つを見たときの僕の感想は、「たしかに、この6つは重要だな。改めて言語化されている」というものです。僕自身、以前はHRの責任者をしていましたし、今でも面接を担当したりするのですが、特に「新卒採用」ではこの6つを聞いているなと思い、納得感があったのです。

　まず①戦略性は「大学受験や部活、サークルなどで工夫して目標達成したことがあるか？ 努力ではなく工夫をする癖があるか？」。

　②達成思考は「そもそも、高い目標、厳しい目標に向かって頑張って、成果を出しきったことがあるか？ それはどれぐらいの難易度だったか？」。

　③変革思考は「既存のルールや縛りを自ら考え、変えていったことがあるか」。

　④好奇心は「普段どんなメディアや書籍、動画などを見ていて、どれぐらい継続しているか」。

　⑤洞察力は「普段やっていることや、バイトや仕事でどれぐらい自分なりの仮説を持っているか？ その筋はいいか」。

　⑥胆力は「苦しい状況や、逆境で逃げずにやりきったことがあるか？」。

　このようにして「6つ」を総合的に聞いていることを改めて認識しました。この6つを聞くことで、「その候補者がどれぐらい伸びていくか？」「どれぐらい今後も成長していくか？」を予測しやすいのです。

　ちなみに、なぜ「新卒」の採用のほうでよく確認するのかというと、中途のほうは「リファレンス」や「過去の仕

事の実績」をベースにして、ある程度予測しやすいからです。

　上記の点に加えて、僕がよく見ることは、「自分で自分の人生を意思決定してきたか」。「自分で決める」という経験をどれだけしているかです。

　たとえば新卒の場合、「なぜ、その大学を選んだのか」「なぜ、その部活を選んだのか」「なぜ、その留学をしたのか」など、決まったレールに乗るだけではなく「自分の頭で考えて、自分で意思決定してきた」ことをよく見ます。中途の場合も、「なぜ転職したのか？」「なぜ、その部署を選んだのか？」など。

　なぜこうしたことを聞くかというと、「新しい領域に飛び出す力」のベースになっていると思うからです。
「新しい領域＝正解がまだ確立されていない」わけですから、「自分で決めること」が求められます。

　さらに、この「自分で決めること」は「リーダーシップ」のベースになるという意味でも必要なものになります。頭がよくなくて愛嬌がなくてもリーダーであることは可能だと思いますが、「決められないリーダー」はなかなか厳しいと思います。そのため、「自分で決めてきた経験」をよく見るのです。

　論理的思考がある人も、戦略的思考がある人もそれはそれで強みですが、リーダーシップがある人はもっと貴重です。ぜひ、上の6つ＋1つを参考にしてみてください。

観察力を鍛える
3つの方法

「観察力を鍛える方法」があります。

　以前、東京工業大学で「スタートアップ就職や起業」に関するイベントに登壇したときに、学生さんから「どういう人がスタートアップに向いているか？」という質問がありました。

　これに対して、東京工業大学リベラルアーツ研究教育院教授の柳瀬博一さん（元日経BP編集者）が次のように答えていました。

「私はこれまで多くの経営者の方の書籍を作ったり取材したりしてきました。その中で大きな企業の経営者は全員、観察力が高い。いい経営者で観察力が低い人を見たことがない。だから、観察力でしょうか」と。

　この答えに僕は「なるほどー！」と思いました。いい経営者はみな、観察力が高い（というか、いいビジネスパーソンは全員高いのかもしれません）。

　それで、問題はどうやってその観察力を高めるかですが、皆さんならどう答えますか？

柳瀬さんはこう答えました。

「視点を変えて考える」

　観察力を鍛えるには、視点を変えて考える癖を持つ、ということです。

　Aさんならこうだろう、Bさんならこうだろう、Cさんならこうだろう……そうやって視点を変えて1つのことを考える癖を持つ。

　たとえば、ECの仕事で考えると、「ユーザーから見るとどうか？」という視点はもちろん、「トラックの運転手から見るとどうか？」「倉庫の担当者から見るとどうか？」……などと、視点を変えて考える。これを癖にすると観察力が鍛えられるということでした。シンプルですが、わかりやすいですよね。

　ちなみに、僕が答えたのは、

「病名をつける（現象に名前をつける）」

　という方法です。

　本を作っていると如実に感じることがありますが、「現象に名前をつける」ことが、観察することの第一歩かなと思ったりします。

　たとえば、医者の場合。病院に来た患者さんを診断して、症状に名前をつけることで薬を処方するなどの処置ができます。

　同様に、ある出来事に対して「ピッタリの名前・名称」をつける癖をつけると、観察して言語化する力がつきやすいと思うのです。

　観察力をつけるために「視点を変えて考える」「病名を

つける」という考え方を紹介しましたが、これらに加えて3つ目としては、

「差分分析」

があります。

これは次章の「差分分析をしよう」で詳述しますが、「いい○○と悪い○○は何が違うのか？」を考えることです。

たとえば、いい商談と悪い商談があったとして、何が差分だったのか？　これを分析すること。そうすれば、「違い」に気づきやすくなります。

皆さんは普段から、「観察力を鍛えるトレーニング」をしていますか？

　①視点を変えてみる

　②現象に名前をつける

　③差分分析をする

　どんな仕事でも観察力は強みになりえます。

第 **3** 章

［ 仲 間 ］

「見えざる資産」に
アクセスしてる？

期初は目標、期末は期待値

　僕の大学時代の後輩で企業経営をしている人とランチをしながら組織運営の話をしているとき、「評価」に関してアドバイスを求められたことがあります。

　人事制度、とくに評価はセンシティブなテーマです。

　そこで僕が伝えたのが、「期初は目標、期末は期待値」という言葉でした。

「人事にはもちろん、大切なことがいろいろあるけれど、スタートアップの経営者として成果を出す上で1個だけ挙げるとしたら、目標と期待値設定だと思う」

　もう少し具体的に言うと、

・期初には目標設定が重要

・期末には期待値が重要

　という話です。

　ほとんどの会社では、期初に「目標」を立てますよね。この目標設定というものは、簡単そうに見えてかなり難しい、しかし時間をかけてやる価値のあることの1つだと思います。

経営と現場が「Win-Win」になるのか、「Win-Lose」になるのか、「Lose-Lose」になるのかは、この「目標の精度」でほぼ決まると言っても過言ではないです。

よくあるのが、

「プロセス目標（たとえば行動量など）を多めに入れた結果、"プロセス目標を達成したが結果目標は未達な人"が高く評価されてしまう」

ということ。あるいは、

「わかりやすく、結果目標だけをやたらと高く設定してしまった結果、"周りを蹴落としたり、ズルをしたりしてでも目標達成しようとする人"が生まれる」

というような話もあります。どちらも目標設定でミスしている例です。

あるいは、次のようなケースもあります。

「マネージャーが立てた目標設定の視点が経営陣とずれている結果、チームメンバー全員が目標達成したのに、事業部全体が評価されずに終わる」

これはまさに「Lose-Lose」のケースですよね。経営的にも、現場的にも、マネージャーとしても、誰もハッピーになっていません。

こうしたケースを避けるためにも、人事施策において最も重要なことの1つは間違いなく「精度の高い目標設定」だと思います。

ただ、当然、人間は感情の生き物であり、この「目標設定」だけで人は動かないので、「期末の評価」のほうも重

要になります。

そして、僕が個人的に重要だと思っているのは、その期末の評価の際に「期待値を伝えること」です。より具体的にいうと「来期の期待値」です。

経営をしている限り、評価においてはやはり差をつける必要があると僕は思っています（＝年功序列はダメ）。ただ、「評価」の対象は当然、前年度のことであり、過去の話です。未来のほうはまたフェアにみる必要がありますし、実際にチャンスはあります。そうしたことを伝えるためにも、「しっかり、来期の期待値」を伝えるということです。

そうすれば、評価が悪かった人も「次何をすればいいか」がわかりますし、評価が高かった人は「さらに成果を出そう」となりやすい。

以上をまとめると、「期初は目標、期末は期待値」ということになるわけです（実際に人事業務や経営をやられている方は使ってみてください！）。

最後に、この話をもう少し個人に寄せて考えてみるとどうなるでしょうか？

月初に目標を立てたなら、月末に来月の期待値を明確にする。目標は定量的に判断できるものですが、期待値は目標よりは少し抽象的な方向性のようなものです。これを繰り返していくことで、「月初は目標、月末は期待値」というサイクルが自然に作りやすくなると思います。

これは、『仕事の教科書』の中でも紹介した「夜は経営者、朝は実行者」の考え方にも似ています（1人の人の中

にも「経営者的な面」と「実行者的な面」の両面があり、夜は「明日の経営者」であり、朝は「今日の実行者」であろうとする考え方）。

　ぜひ皆さんの仕事で少しでも役に立ててもらえたらうれしいです。

トランザクティブ
メモリー

　皆さんはトランザクティブメモリー（transactive memory）という言葉を知っていますか？　僕は早稲田大学大学院教授の入山章栄さんの著書で知りましたが、ざっくりと説明すると、これは「Who Knows What こそが大事」だということになります。

　正確にいうと、組織全体が「同じ知識（WHAT）を記憶すること」が重要なのではなく、むしろ「組織内の誰が、何を知っているのか」、つまり Who Knows What（誰が何を知っているのか？）を把握することを重視する──そういう考え方です。

　この考え方は1980年代にアメリカで生まれたとのこと。

トランザクティブメモリーをいま一番うまく使っている経営者は誰かというと、その1人は孫正義さんでしょう。

孫さんは「外脳を使う」ことをとても重視していると言います。外脳とは、自分の外の脳、つまり専門家や、特定の領域のなかで一番詳しい人のことです。そして会議になると、「この領域に一番詳しい人を連れてこい！」とよく言うらしいです。

孫さんとまではいかなくても、皆さんの身近にもこうした考え方の例はあると思いますし、僕もこの考え方の大切さを強く実感することがあります。

先日、あるスタートアップの役員の方から、執行役員の選定基準について質問がありました。

基準としてはいろいろありますが、そのうちの1つはトランザクティブメモリーの考え方を使うとわかりやすいかもしれません。つまり「Who Knows What になれる人」、あるいは「それを使いこなせる人」ということです。

たとえばCMOであれば、その基準は、「社内で最もデジタルに詳しい人はAさん」などと把握できている人か、「社外も含めて一番SNSマーケに強いXさんと繋がれる」人というイメージかもしれません。

組織が大きくなればなるほど「全ての知識を把握すること」は不可能です。であれば、「What to Know」ではなく、「Who Knows What を使いこなせる人」のほうが重要になってくる、ということです。

皆さんは、この「Who Knows What」を意識していますか？ 入山さんいわく、世界の経営学ではこのトランザ

クティブメモリーがアツいテーマになっているとのこと。僕が思うに、これは「Weak tie」の理論と近しいのかなとも思います。弱い繋がりがクリエイティビティやキャリアには必要だという理論です。まさにこれも、トランザクティブメモリーをうまく活かすための手段の1つといえるのかもしれません。

　ぜひ、自分の業務に活かせる部分はないか、考えてみてください。

組織風土は耕す

　前項にも登場した入山章栄さんとはあるイベントで初めてお会いしたのですが、そのときは「今の時代の好かれる企業、嫌われる企業」をテーマにお話ししました。

　そのとき特に面白かったのが「組織風土」の話です。具体的には、「組織風土は“耕す”ものである」という話で、僕にはこの“耕す”という表現がとてもしっくりきました。

　特に入山さんが熱をもって話していたのが、「経営戦略において組織文化は一番重要」だということ。海外の企業、

たとえば Amazon などを例に出しながら、そういう企業がいかに「企業文化づくりに投資しているか」「真剣に取り組んでいるか」を説明されていました。また、それほどまでに投資するのは「いい企業文化を持っていないとトップの人材を獲得できないから」だと話していました。

アメリカでは今、トップスクールの卒業生の初任給は3000万〜4000万円くらいになるとのこと。そしてそのような人はとても優秀なので、正直どこに行っても食べていけるし、就職する会社も選び放題です。そうなったときにどんな企業を選ぶかというと「いい企業文化」を持っているところになる――だから、GAFAM を中心にトップの企業は企業文化に投資しているということです。

では肝心の企業文化は、どうすれば作れるのかというと、冒頭で紹介した言葉に戻ります。つまり、「耕す」。

具体的には、トップを巻き込み、真剣になって「言語化」し「行動する」。その行動を徹底していくことで耕していくものだということなのです。

僕はこの「耕す」という表現がピッタリだと思ったのですが、それは以前に土の研究者である藤井一至さんに次のようなお話をうかがったことがあったからです。

土は何年かかってできているかというと5億年らしいのです。土は全ての生命の源ですが、その土はミミズを中心に「5億年、耕してこられたもの」。だから「科学しきれない」し、「模倣できない」わけです。

企業文化も同じですよね。リクルートなどを代表例に「企業文化は、模倣したくてもなかなかできないもの」で

す。そしてそれは土と同じように「耕すもの」だからでしょう。そもそも Culture という言葉も、Cultivate と同じ語源から来ていると考えれば納得ですよね。

組織風土を
オペレーションに
組み込もう

　前項の「組織風土は耕すもの」という話をもう少し深堀りしてみます。

　改めて組織風土というのは、"風土"と付くぐらいですから、"耕す"という表現がピッタリです。この「耕す」が具体的に何であるかをさらに考えてみると、それは、

「オペレーションの仕組みに入れていく」

　ということなのかな、と思います。

　農業における一連のプロセスを考えてみるとわかりやすいかもしれません。作物を育てる際に、まず種を植えて、水や肥料をあげて、育てていく。これはまさに、オペレーション（＝実行）の仕組みに入れていくということです。

　具体例で考えます。

　たとえば、スタートアップにしても、大企業にしても、

コアバリュー（≒組織風土）は必ずありますし、言語化されている企業が多いでしょう。

　重要なのはこのコアバリューを、オペレーションの中にまで落とし込むこと。具体的には、「そのコアバリューを体現する行動を、一連の業務の中に入れること」です。

　たとえば、僕の本業の会社には、5つのコアバリューがあります。その中の1つに、「個の強みの探究」というものがあります。これをオペレーションに落とし込むために僕がしていることがいくつかあります。

　そのうちの1つは、入社してくる人に対して事前に「期待値シートを作成する」というもの。1人ひとりに対して「どういう期待値を持っていて、なにをユニークネスにして、どんなキャリアを描いていってほしいのか」ということをまとめたものです。それまでの面接メモなどを見ながら、フルカスタマイズで事前に作り込みます。言ってみれば、入社する人に対する手紙のようなものですね。

　その上で、入社前または入社したタイミングで、当人と摺り合わせていきます。これを、転職で入ってくる人全員に対して行っています。

　繰り返しになりますが重要なのは、

　①風土を言語化し

　②言語化したものをオペレーションに組み込む

　ということです。

　こうしたことを行っていると、加えて重要だと思うのは、「抽象的なものは、節目のオペレーションに差し込むこと」

　だということです。

「組織風土」とか「カルチャー」といったものは、なかなか日常的な業務の中では意識しづらいものです。抽象的な話が多いので、「誰に話したのか」「誰が習得したのか」もわかりづらい面があります。

　なので、入社したタイミングや年末・会計年度の始まりや評価面談のタイミングなど、「節目」にオペレーションとして差し込むことがとても重要だということです。

　もう少しわかりやすい「節目」の例としては、「経営の意思決定」をする場面でしょうか。

　意思決定は節目のタイミングです。たとえば「スピード＞質」というカルチャーをもっているのであれば、普段の業務の場でもこの軸で意思決定をする。

　あるいは人事の場面もわかりやすいでしょう。「人事評価にカルチャーの評価を入れる」などです（ただこれはこれで、主観的な判断になるので難しいですが）。

　ちなみに、僕の経験としては「評価」するときよりも、「昇降格」がある場面に差し込むほうが、カルチャー浸透という意味では効果が出やすいと思ったりします。つまり、昇降格の判断軸に「カルチャーの体現」を入れてフィードバックする、ということです。

　"耕す"という表現にあるように、組織風土は、適当にやっていてもなかなか再現性を持って作れないものだな、と思います。作物が品種改良によって少しずつ改良・改善していくように、組織風土もまた、少しずつアップデートして変わっていくものなのです。

　そしてその際に重要なのは「オペレーションに組み込む

こと」であり、特に「抽象的なものは節目に差し込むことがポイント」だということです。

　皆さんのチームでは、「組織風土を耕すための行動」ができていますか？　"風土"や"カルチャー"がコンセプトレベルではあったとしても、それがオペレーションに落とし込めていなければ意味はほとんどないでしょう。

　どうすれば、「オペレーションに組み込めるか」を考えてみましょう。

入社前のキャリアの期待値シートの作り方

　前項の"期待値シート"についてコミュニティ内で話したとき、メンバーの方から次のような質問をもらったことがあります。

「組織ビジョンとその人の役割にマッチした行動に落とし込めるよう、期待値シートを作成したいです。唯我さんの作成する期待値シートの要素について教えていただきたいです」

　そこでここでは期待値シートについてさらに具体的に解

説してみます。

　繰り返しになりますが、まず"期待値シート"というのは僕が昔から作っている資料で、新入社員（中途メイン）に共有するものです。目的は「将来像の摺り合わせ」です。入社前の人に対して、「こうなってほしい。こういうことを期待しています」ということを伝えています。

　僕はこれまで自分の部下になる社員に対しては全員分作ってきましたが、割と喜んでもらえることが多いです。

　この期待値シートを作る際のコツを３つお話しします。

　１つ目は「長・短・超短」で目標を分けて作ること。

　まず"長"はわかりやすく、長い目で見たキャリアのコンセプトです。たとえば、「営業のプロとして、どこでも食べていける人になる」といったものです。この際、重要なのは「業務」の話ではなく、その人の"キャリア像"をゴールにすることです。

　重要なのは本人が「それいいね！」と共感し、モチベートされること。なので「キャリア像」であることが重要です。

　次に"短"ですが、これは直近半年〜１年の「業務上の目標」の話です。たとえば、「新規営業で目標を達成し、新人MVPを取る」のような話です。KPIでももちろんOKです。これはイメージしやすいですよね。

　最後に"超短"ですが、これは１〜３カ月の話です。これはわかりやすく「何において"速攻"で成果を出すのか？　アウトプットは何を出すのか？」を決めます。

　入社して１〜３カ月というのはある意味、ボーナスタ

イムです。社内やチームからも注目が集まるからです。なので、1〜3カ月の間でわかりやすく「アウトプット」「成果」を出させることで、「あぁ、Aさんは、Xが得意なんだな」と理解してもらうことを目標にしています。中途社員の場合は、"過去の仕事で一番得意なもの"をアウトプットするイメージでしょうか。

　以上のように「時間軸を分けて目標を設定する」のが1つ目のコツです。

　次に2つ目のコツは「ベンチマークを設定する」です。これはそのままですが、できる限りその人にとってのベンチマークとなる人を設定してあげます。

　ベンチマークは社内の人でも、社外の人でもOKです。ただし必須条件は「情報を取得できること」です。たとえば、社外であれば、本を出している人やメディアで発信している人。社内であれば、直接話を聞けたり、一緒に業務をしたりする人です。

　ベンチマークを設定するのは、「やるべきこと」をより具体化するためです。普段どんなふうに時間を使っているのか？　どのように業務を遂行しているのか？　ベンチマークを設定することでそうした「行動」を具体化しやすくします。

　3つ目のコツは「本人に納得、宣言してもらうこと」です。

　当たり前の話ですが、キャリアプランは上司や周りが作

るものではなく、本質的には自分で作っていくものです。期待値シートにあるプランも、それはけして完成形ではなく、あくまで「仮説」です。

　そのため、僕も「仮説としてプランを持ってきた」というくらいのスタンスで臨み、「これを参考にして、本人が自分で設定すること」を重視しています。

　僕は、キャリアプランをぶつける際も「こう考えていますが、あなたはどうしたいですか？」と必ず聞いたうえで、自分で宣言してもらいます。

　本人が腹落ちするまで修正していき、最後は「本人のプラン」として宣言してもらう。これが３つ目のコツです。

　まとめると、

　①「長・短・超短」で目標を分けて作る

　②「ベンチマーク」を設定する

　③「本人に納得、宣言してもらうこと」

　です。

　キャリアの期待値シート自体は作られて嫌な気持ちになる人はおそらくゼロですし、上長にとってもメンバーのキャリアや業務を考えるいいきっかけになります。ぜひチャレンジしてみてください。

差分分析をしよう

　マネージャー育成の方法論の１つに「差分分析」という方法があります。

　皆さんは、「どうやったら、部下やメンバーが自分の頭で考えるようになって主体的に動くようになるかな」と考えたことはありませんか？

　僕はあります。この問題にはもちろん解答が無限にあって「答えは１つ」ではないでしょう。ただ先日聞いた「差分分析」の話には「なるほど」と思う部分が多かったので、ここで紹介させてください。

　まずこの方法論を簡単に解説すると、
「うまくいったときと、うまくいかなかったときの差分を言語化してもらう。そして、３つのコツにまとめてもらう」
　ということになります。まさに、いいときと悪いときの「差分」を「分析」するものです。

　人によってはこれを自分自身でナチュラルにしているケースもあると思うのですが、肝は、これを「成長させたい当人に考えてもらうこと」です。なぜならこの差分分析

をすると、知識が暗黙知から形式知になりやすい、つまり再現性が高まりやすくなるからです。

こうした「知識」についての話でいうと、野中郁次郎先生の「組織的知識創造プロセス」という理論が有名です。これは簡単にいえば、「暗黙知と形式知をぐるぐる回しましょう」ということです。

もう少し丁寧に説明すると、暗黙知とは「言語化されていない知恵」。たとえば自転車に乗る方法とかは、普段あえて「言語化」はしていないですよね。

一方で、形式知とは「言語化されている知恵」のこと。自転車の例でいうと「どうやったら自転車にうまく乗れるのか？」という問いに対する答えです。

この形式知と暗黙知の話でいうと、僕はたまに「言語化がうまい」と言われることがあります。これはおそらく、「皆がなんとなく感じていることを言葉にする」、つまり「形式知を作る」ことが得意だからだと思います。

ただこれには１つ問題があり、それは「自分はできるけど、他人にはなかなか教えられない技術」だということです。では、どうすればいいか？　というと、それが「差分分析」だ、ということになるわけです。

差分分析においては、具体的には次のような流れのイメージになります。
・上司が部下へ「今回、とてもうまくいったけれど、うまくいかなかったときとの差ってなんだろう？」と問いかける。

・その上で、「じゃあ、うまくいくコツを3つ挙げるとしたらなんだろうか?」と問う。

　これが、部下やメンバー育成に効くらしいのです。早速、自分でもやってみたのですが、効果は割とありそうでした。

　というのも、まず「自分のやり方の言語化」が進んでいる印象を受けました。また何より、「ポジティブ(=成功)もある前提で、ネガティブ(=失敗)も客観的に振り返ることができる。そのため、建設的な議論になりやすい」と感じたのです。

　ちなみに実は、僕自身の経験を振り返ってみると、最近、スランプ状態から脱したときは、この「差分分析」を自然にやっていたな、と思います。

　第1章の「口癖を見直そう」にも書いた通り、僕はパフォーマンスが高いときは「本質的には〜」が口癖として出るのですが、パフォーマンスが低いときはこれが極端に少なくなることに気づきました。これはまさに差分分析ですよね。

　差分分析ってコストもゼロですし、意識しないとやらないことも多いようなので、これからは自分でも積極的に使っていきたいと思っている技術です。

　皆さんはどうでしょうか?　自分の仕事のなかで使える部分はありませんか?

人間関係は
アップデートするもの

　CancerX（がんに関わる社会課題の解決を目的とする一般社団法人）のイベントに登壇したことがあります。そのイベントは、がんへの正しい理解度と認知度を上げることをメインの目的としたものでした。なんで医療に関係ない人が医療関係のイベントに？　と思われると思いますが、僕もそう思いました。

　なぜ僕が呼ばれたのかというと、テーマが「メンターの存在」だったからです。組織や人材、キャリアの専門家として登壇するということです。ではなぜ「メンター」かというと、AYA世代（思春期・若年成人）の若いがん患者は、周りに同病の人が少なく、相談できる人も少ない。だけど、そばにメンターがいることで救われるのではないか？　ということでした。

　そのとき僕が話したのは「人間関係は実はアップデートするものだ」ということでした。

　病気や本当の弱みを露呈することは誰でも怖いし、嫌。僕も嫌です。特に病気になってから会った人ではなく、前

から知っている人に対してのほうが難しいこともある。自分がそもそも「元気だったとき」や「うまくいっているとき」から知っている人に話すのはとても勇気がいるものです。

　でもそんなときに大事なのは、人間関係は「ある、なし」の二項対立ではなく、実は「フェーズと共にアップデートしていくもの」という考え方だと最近思っています。

　小さい頃の親と自分、思春期の頃の親と自分の関係は違うし、社会人になってからも違う。もっというと、自分に子どもができてからも変わるだろうし、両親に介護が必要になってからも変わる。つまり人間関係とは、自分のいるフェーズと共に「アップデートしていくもの」なのではないでしょうか。

　これは職場でも同じだと僕は思います。

　そしてこのアップデートは、実は必ず痛みを伴うものです。なぜならそのとき、小さな「適応すべき課題」と「それを乗り越えるタスク」が必ず生まれてしまうから。

　それはそうです。恋人と別れるときや、高校を卒業するとき、痛みがありました。これって見方を変えれば、「人間関係がアップデートされるとき」だったはずです。そしてその際には必ず「適応すべき課題」と痛みがあったはずです。

　なにがいいたいかというと、人間関係の悩みがあったとしても "逆転の発想" をすることができるということです。

　つまり、「新しい悩み」とは、実はほとんどが「フェー

ズの変化」によるものだと解釈することもできるのではないか？　ということです。

　たとえば、です。これまで若手として仕事を覚えていくのにいっぱいいっぱいだったけれど、「人を見る余裕」ができたから、部下のことにも悩み始めた。これまで経営視点なんてなかったけど、自分の視座が上がったからこそ「経営陣との関係に悩む」……などなど。

　つまり、重要なのは、まず、新しい悩みが生まれたときは「もしかして自分のフェーズが変わったのかな」とメタ認知をしてみることなのかな、と思うんです。

　皆さんはそんな考え方ができていますか？

「遠心力」のある
コミュニティ

　正直、会社やコミュニティなどの組織には、そこに合わない人もたくさんいるだろうし、もちろん辞めていく人もいます。でも、それも含めて会社なりコミュニティは運営していくべきとも思います。

　昔、曽和利光さんという人事業界で有名な方とお話しし

たときに、「リクルートは求心力と遠心力の両方を大切にしている」というお話を聞いて、「なるほど」と思ったことがあります。

　遠心力というのは、「辞めていく人」のことです。つまり、新陳代謝があるほうが組織は強いということだと思います。

　運営する側の立場からすると、離れていく人がいると、まずはシンプルに凹みます。申し訳ない気持ちになりますし、反省もします。どんな理由であれ、運営に対する期待値を超えられなかったということは、自分のサービス能力が不足していたからです。

　一方で、人が離れていくタイミングでは逆に前向きな気持ちにもなります。

　これは普段自分自身が経営をしているからこそ思いますが、人がまとまって出ていったあと、組織の力が伸びるからです。それはなぜかというと、「自分が本当に大切にすべきことや人は何か？」を考えさせられるから。大切にすべき価値観は何か？　大切にすべき人が誰なのか？　がクリアになっていくからです。

　コミュニティを運営していると、「遠心力」があることの辛さももちろんありますが、ビジネスパーソンとして成長し、リーダーになるということは、そうして自分の弱さや愚かさにも向き合い、１つずつ改善していくことなのだと学ぶことができます。

コミュニティのワンネス

　僕は数年前から、コミュニティ（KitanoYUIGA 主催 事前審査型コミュニティ SHOWS）を作って運営をしています。

　僕はこのコミュニティができて、人生が豊かになりました。職場や家族とは違う仲間、サードプレイスのコミュニティにいる人だからこそ、ざっくばらんに"わちゃわちゃ"できることのよさはやっぱりあるなと思っています。人数規模を大きくしようなどと欲張らず、この効果を引き続き一番大切にしていきたいと思っているところです。

　最近よく思うのが、「コミュニティ内の価値の流通総額を上げたい」ということです。僕のコミュニティではすでに少しずつスモールビジネスが始まっていたりしますが、もっとメンバー同士でビジネスが生まれたり、価値を交換し合うやりとりが発生したりするといいなと思います。

　これに関連して、最近聞いた話で面白かった概念があります。それが「oneness」（ワンネス）です。

　直訳すれば「全体性」という意味になりますが、いわくこのワンネスがあるかないかが、人のお金の使い方にも影

響を与えるとのことです。

　たとえば、自分が家族にプレゼントするときにワンネスがあると「自分の資産が外に出た」という捉え方にはならずに、「自分の資産が家族という中で動いた」と考えるらしいです。たしかに家族へのプレゼントには、損得勘定はないですよね。

　一方でこのワンネスがないと、「誰かに何かをギブしたりプレゼントしたりする＝自分が損をした」と思ってしまうらしいです。

　これはコミュニティの在り方を考えるにあたっての本質概念だなと思います。

　ワンネスのあるコミュニティであれば、すごい量の価値の交換が行われるだろうし、仮に誰かが何かをギブしても、その人がファンであれば、コミュニティ全体ではむしろ富が増えている──こういう構造なのかなと思いました。

　ようはもしかすると組織やコミュニティで一番重要なのは、この「ワンネスが醸成されているか？」なのかもしれません。ワンネスがあれば、組織のなかでお互いにギブし合うことが促進されます。

　これをビジネスっぽく表現したのが、冒頭の「コミュニティ内の価値の流通総額を上げる」ということです。

ワンネスのある公園

　前項で書いた「ワンネス」の考え方はやはり面白いな、と思います。もう少し深掘りしましょう。

　よく部活や会社などで「一体感がある」といいますが、一体感とワンネスは一緒なのかというと、微妙に違う気もします。

　たとえば、野球で甲子園出場を目指してる部活があるとします。まず「一体感がある」部活はみんなが同じ目標に向かっています。真剣度も同じです。みんなが本気で「甲子園に行きたい」と願っていたとすれば、このとき明らかに「一体感」はあるはずです。

　一方でたとえば、「甲子園を目指す」と言いながら、本気ではない部員もいる部活だとどうでしょうか。多分「一体感」はないですよね。

「一体感があるための条件」とはなんなのかを考えてみると、おそらくまずは次の２つ。

　①共通の目標がある

　②本気度がそろっている

113

他にもあるでしょうが、まずはこの2つでしょう。

では「ワンネス」はどうかというと、必ずしも条件は一緒ではないなと思います。

たとえば、家族。家族には"共通の目標"があるわけではありませんし、"本気度"がそろっているわけでもありません。ワンネスは、目標や熱量がなくても成り立ちます。そしてそれが、「ワンネス」の正体かもしれないと思うのです。

さらにいえば、「リーダー」や「マネージャー」がいるかどうかも"一体感"との違いになるでしょう。

たとえば、部活や会社には、たいていリードする人がいます。リーダーやマネージャーです。

でも「ワンネス」はどうでしょうか？

たとえば地元にある、みんなに愛されている海辺。ここに集う人たちは多分ワンネスを感じているはずです。でも必ずしもリーダーやマネージャーはいません。町中にある公園にもまた「リーダー」はいません（もちろん管理人はいますが、ほぼ出てこない）。ワンネスにはリーダーやマネージャーはいなくてもいいのです。

僕がコミュニティにおいて目指すのは、いわば「ワンネスのある公園」なのかもしれないと思っています。

良い公園は、みんなが「そこに価値がある」と信じて、みんなで少しずつリーダーシップを提供し合うことで成り立っているはずです。

ワンネスとは、「存在論からみた組織」なのではないか、ということもできます。

普通、組織には目的があります。事業を通じて社会に貢献するのが目的です。つまり、ほとんどの組織は「目的論からみた組織」です（当たり前ですが）。

ただ僕が目指している「ワンネスのある公園」は違います。その人がその人らしくあって自然にいられる、人間らしくいられる。そんな場所にしたい。いうならば「存在論からみた組織」ということです。

でもこれを作るのは難しいことです。それは、「誰もイメージをもっていないから」です。

振り返ってみると僕らは「存在論からみた組織」に所属したことがほとんどありません。学校にしても会社にしても、なにかしら「目的」が課されています。だからこそそのような組織では「同じもの」を見ることができるので、一体感を生むことができます。

でも、ワンネスのある組織には、皆が共通してイメージするようなものがありません。たとえてみれば「150人規模のとても小さな町」ですが、そのような場所にいた経験をもつ人もあまりいないと思います。誰もイメージをもっていないから、作るのも難しい。

でも実現したら面白いし、僕はワンネスがあること自体に価値があると思っています。

コアバリューはなんだ？

　ワンネスのあるコミュニティには必ずしも「目標」はなくてもいいのですが、ゆるやかな決めごとはあったほうがいいと思います。僕のコミュニティでも、そうした決めごとを「コアバリュー」として決めたことがあります。いわば"公園"のルールの言語化です。そのプロジェクトは、コミュニティメンバーの村上拓也さんに主導してもらったのですが、多くの学びがありました。

　その1つを挙げると、「コアバリューをUXの体験順に並べる」という話です。UXとはユーザーエクスペリエンスの略で、「顧客の体験価値」ということです。たとえばレストランでサービスを受けるときは、「受付→注文→食事→会計」という順番ですよね。こうした一連の体験の流れのことをUXといいます（主にWEBサービスで使われる言葉です）。

　村上さんいわく、コミュニティのコアバリューも、このUXの順番で並べたほうがいいということなのです。

　具体的にどういうことか、僕のコミュニティを例にとっ

て説明します。まず1つ目のコアバリューは、

① Welcome & Welcome Back
　〜ようこそ SHOWS へ、おかえり SHOWS へ〜

です。これはようは、「公園の入り口の体験」です。いうならば「ウェルカムされる」ということ、「おかえりなさい」と言われるということですね。
　次のコアバリューは、

② Be yourself 〜あなたらしく自然体で〜

が続きます。つまり、公園の入り口に入ったら、リラックスして、自然体でいてね、ということです。たしかに公園での体験に近いものです。
　さらに、

③ Hello & Thank you
　〜仲間へあいさつという気遣いを〜

が続きます。会った人に挨拶しようね、なにかされたら感謝しようね、ということです。居心地のいい公園は挨拶もしやすいですよね。
　この①②③はつまり、コアバリューを僕たちがコミュニティで体験する順番に並べている、ということです。
　なぜ体験順に並べるのかというと、コアバリューとは、

いわば行動指針や価値観なわけですから、「普段から何を大切にすべきか」「迷いそうなタイミングでできることは何か」を時系列で並べたほうがより実践的だからです。

　僕もこれまで自社でもコアバリューを作ったりしてきましたが、コアバリューをUX順に並べることは考えたことがなかったです。これは、サービス設計や、マーケティング、なんならセールスでも使えそうな考え方だなと思います。なぜなら、顧客の視点に立って「大切にすべきことを言語化する」という技術が、まさにマーケティングそのものだからです。

ブランドを何に「貯める」か?

　コミュニティのブランドをどう作り、どう"貯めて"、どう伝えていくか。
　世界でも注目されてる建築家・谷尻誠さんとの対談に先立ち、谷尻さんの著書を読んでいると、非常に面白い話がありました。
　それは、「まずは言葉」から考える、という話です。

建物を設計するときには、①まずコンセプトを言葉で定義する→②その後、建築物を設計していく、という順番で行うそうです。その理由を谷尻さんは、

「言葉を先に決める。形を先に決めるとその先に広がりがない」

　と表現していました。面白いですね。

　世の中にはクリエイティブな仕事がたくさんありますが、僕は建築家はどちらかというと骨格や機能から決めていそうだな、と思っていたので、少し意外でした。

　そして、僕がこれを読んでいたときに思い出したのが、「何にブランドを貯めるか？」という話です。

　マーケティングでもブランディングでも、重要なのは「ブランドを貯める箱」を設計することです。

　たとえば、オンラインサロンもそうです。主催者の名前が前面に押し出されているサロンは、「その主催者のブランド＝そのコミュニティ」という構造になっていて、良くも悪くも、主催者のブランドが上がればコミュニティのブランドも上がるし、その逆もしかりとなる側面があります。

　僕のいるコミュニティもそうです。SHOWS を作るときに、「北野唯我」を前面には押し出しすぎないコミュニティにしたいなと思っていたのですが、その理由も、北野唯我という名前を前面に出しすぎると、よくも悪くもその名前に影響を受けるからです。

　これは仕事の場合も同じです。

　たとえば、皆さんが仕事をするときに、「株式会社〇〇

の仕事」にだけブランドが貯まるのか、それとも「株式会社○○とＡさんの仕事」としてブランドが貯まるのかは全然違う話です。

　なぜなら会社のブランドは結局は、株主のものでしかないからです（もちろん、○○出身というブランドは持っていけますが）。

　ブランドを貯める。そのときにもう１つ重要なのが、タグラインだと思います。

　タグラインとは「それは何なのか？」「その人は何者なのか？」というコンセプトを決めるコピーです。

　というのも、ブランドを貯める箱には最初は何も入っていません。その中でタグラインの役割は、「相手に言葉で訴えかけて、最初のイメージをつける」ために有効な装置だからです。たとえば、ちきりんさんが「社会派ブロガーです」と言うとわかりやすいですよね。

　個人のキャリアにしても、ビジネスにしても、

　①何にブランドを貯めるか？（＝箱）

　②箱につけるタグラインは何か？

　この２つはとても重要です。ぜひ皆さんの本業やコンテンツ発信においても意識してみてください。

「見えざる資産」に
アクセスしよう

　最近、コミュニティについて考えることが増えているのですが、思うのは、

「人生って、コミュニティで始まり、コミュニティで終わる」ということです。大げさのように聞こえるかもしれませんが……。

　でも、実際これは「大げさ」でもなんでもなくて、リアルにそうだな、と思います。

　まず前提として、ここでいう「コミュニティ」は広義の意味です。つまり、家族だってコミュニティですし、近所での人付き合いもそう。学校やサークルの仲間もそうですし、人によっては会社の同僚も同じコミュニティの一員。

　そのような広義のコミュニティというものを通して、俯瞰して考えてみると、人生って、「与えられたコミュニティで始まり、自分で作ったコミュニティで終わる」プロセスだなと思うんです。

　ほとんどの人は、家族というコミュニティから人生をスタートしますよね。親と自分という小さなコミュニティ

121

（もちろん兄弟や祖父母も含めて）から人生をスタートします。

　そこから小学校、中学校と、徐々に成長するにつれて別のコミュニティに所属していき、自立できる力を培います。そして結婚したり、仲間を得たりすることで、今度は自分で新たなコミュニティを作っていく。

　やがて時はたち、自分の祖父母や、両親が亡くなっていき、子どもも自立すれば、最後に残るのは「自分が数十年間、作り上げてきた最も大切なコミュニティ」です。そしてお金はあの世にもっていけません。

　つまり、人生を俯瞰してみると、

「与えられたコミュニティで始まり、自分で作ったコミュニティで終わる」

　ということです。物語論の中でも、「主人公は、ある町から旅立ち、成長し、大切なものを手にして町に帰ってくる」とされているのと同じですね。

　このように、広義の意味での「コミュニティ」は人生において大切なものですが、これをさらにキャリア論に寄せて考えてみるとどうなるか？　そう考えたときに浮かぶのが、

「見えざる資産へのアクセス権」

　というキーワードです。

　40代以降になると「人的資産」がビジネスの世界でも圧倒的に重要になると思います。専門性を突き詰めて、経験を積み重ねても、自分よりも若くてすごい才能がある人

が必ず出てくるからです。

そこで重要になるのが、コミュニティが持っている「見えざる資産へのアクセス権」だと思います。

コミュニティはその性質的に、人々のなかに「信頼」が大量に貯まっています。わかりやすくいうと「この人のことを昔から知っている」ということの連鎖が存在しているのです。

この連鎖が、たとえば「困ったときに助け合う」という形で表出したり、「仕事をお互いにパスし合う」ということを生み出したりしています。そして、この連鎖は信頼の積み重ねであり、お金ではなかなか後から買えないものです。

40代〜50代以降になると、当然コミュニティのなかから高い成果を出している人や、何かの領域で飛び抜けた人も一定数出てきます。あるいはそこまでいかなくても、人間的に成熟したり、一定のポジションに就いたりする人も多く出てくる。つまり、コミュニティに所属している人、1人ひとりの人的資産もまた大きくなっていくわけです。

それがさらにコミュニティ内を刺激したり、特別な機会をもたらすことになったり……そのコミュニティはより豊かで特別なものになる。こういう構造です。

これを言語化したのが、「見えざる資産へのアクセス権」であり、自分のキャリアについて考えるときのヒントになるものだと思います。

第 4 章

[インスピレーション]

「未来の種」を
一緒に見つけよう

グローバル、ローカル、ホーム

　いま振り返ってみると、2020年は「ホーム」という消費軸が明確に生まれた1年だったと思います。

　この何十年ものあいだ、「グローバルか、ローカルか?」という2つの軸は散々語られてきましたが、ここに「ホーム」という第3の軸が加わったな、と思ったのです。

　たとえば、ゲーム「あつまれ どうぶつの森」の世界的ブームはもちろん、Netflix や YouTube におけるコンテンツの隆盛も「ホーム」軸を表しています。

　加えて、ニトリがコロナ禍においても爆発的に業績を伸ばしたのもそうですし、Uber Eats 以外に、その競合でもある Wolt なども都心ではよく見るようになってきました。「ズーム飲み」という新しいスタイルもそうです。

　あるいは、僕の本業周りの話としては、就職活動の一環として「YouTube で企業説明会を見る」ことも、わずか1年で当たり前の習慣になりました。これは衝撃でした。何十年も変わらなかった合同説明会という非効率的な商習慣が、1年もかからずに一気に DX したわけです。

こうした状況を見て、もともと「ローカル消費」か「グローバル消費」だったものに、さらに"近く"の「ホーム消費」という第3の軸ができたのかな、と思うのです。

この流れは「住」にも当然訪れました。葉山や鎌倉、軽井沢のような自然豊かな場所に移住する人が一定程度増えたのも、「ホーム消費」のバリューが増えたことで、その生産拠点である家を充実させたいというニーズの表れだったと思います。

僕はこの流れは基本的に、いいことだと思っています。

まずシンプルに、「家族との時間」が大切に扱われるのは素敵なことだから。

経済という視点から見ても、いいことです。僕は、日本はもともと、衣食住のうちで「住」だけレベルがかなり低かったと思っており、それが「経済のボトルネック」になっているのではないかとも思っています。

・日本には新築神話があり、新築をやたら建てたがる（＝そもそも資源がもったいないし、新築プレミアムが乗るため不動産業界だけが永久に儲かる。また、ローンが大きくなり、転職などしたくてもできなくなる）

・家が狭いことがスタンダードになっている＋外国籍の人への賃貸が不当に厳しい→グローバルでの人材獲得競争力が落ちる

などなど……。簡単に言うと「住」へのリテラシーだけが非常に閉鎖的ということです。

文化的な観点からも、もともと日本は、いうならば「家主文化」（家を持ってる主人が偉い）だったと思うのですが、

「ホーム」に軸が移り、いわば「家中文化」のようなもの（家の中の時間を大切にする）が生まれるのはいいことではないか、と思うのです。

『金持ち父さん　貧乏父さん』で語られるように、ほとんどのサラリーマンにとって家は、資産にみえて「負債」（＝キャッシュを生まない。残存価値がない）ですが、この「家中文化」を育てることは、費用対効果が悪くない気がしています。

「2Dか、3Dか」ではない

前項に続きますが、「グローバル、ローカル、ホーム」というトピックにおいては、もう1つ「生き残っている企業の特徴」について言えることがあります。

これは2020年に明確に明暗が分かれたと思っています。

まずは「DXに乗っていた会社」が強かった、という話があります。

よくいわれる「DXに対応する」というのは実はかなり難度の高いことで、実際2020年に時価総額を大きく伸ば

した企業は「DXに対応した企業」ではなく、「DXに乗っていた企業」だったと思います。

スタートアップ界隈ではエムスリー（医療従事者を対象とした医療ポータルサイトを運営）が驚異的な時価総額をつけましたし、ECサイトの作成サービスを展開する企業も驚くべき時価総額をつけました。サイバーエージェントも何年も前から積極投資してきたABEMAのWAU（週間アクティブユーザー）が1500万人を達成。もはや、マスメディアの一角です。

また、コロナ禍でも強さを見せた企業の特徴としては、「製販一体」があります。

製販一体とは、「小売もしながら、製造もする企業」のことで、ファーストリテイリングが一番の代表格です。その他には、ニトリや、セブン - イレブン、あと、神戸物産（食品スーパーや業務スーパー、外食・中食事業を展開。海外での商品開発も手掛ける）なども強かった。

これらの特徴はやはり、「生活必需品」を取り扱いつつも「データを使って、商品開発に柔軟に対応している点」、そしてなにより「経営がうまい」ということ。手なりで成長するのではなく、「経営がうまい会社が強い」ということも2020年は如実に表れたな、と思います。

さらにいえば、コンテンツのトレンドに関して思うことがありました。「3Dを意識して作った2Dコンテンツが強い」と感じたのです。

3D（空間デザイン）と2D（平面デザイン）でいえば、今

の時代多くのものは、インスタ映えが重要で「2Dにした
ときに映えるか？」が重要にはなります。なぜなら、拡散
性は2Dにしかないからです。

　一方で、それを前提にしたうえでも、
「そもそも2Dで設計したもの」
「そもそも3Dで設計したけど、2Dに落としたもの」
　これらの2つでは、コンテンツの強さが変わってくる
ということです。

　これは企業のYouTubeを使った動画マーケティングに
関しても同様です。普通、企業が動画を配信しようとする
と「YouTubeで放送すること」を前提に作るため、"画"
がのっぺりとしてしまう。でも、もともと企画設計をする
際に、「3D空間を作ってから、それをYouTubeでも違和
感がないように切り取る」というイメージを持つとどう
か？　明らかに画の力が違います。

　この違いを理解している企業、たとえばNewsPicksの
コンテンツを見るとやはり強さを感じます。この流れは間
違いなく続くので、コンテンツを作っている方は知ってお
いて損はないと思います。

才能×お金＋戦略 という方程式

　最近考えていることに「面白いゼロイチが生まれるときの方程式」というものがあります。

　僕は仕事柄、よく新しいものをコラボして作ることがあります。たとえば、ABEMAさんでの12時間ライブ番組（「どうする？withコロナの就活＆働き方」）は、全く何もないところから2カ月で作ったりしました。そのような「何かが生まれるとき」の方程式を簡潔に表すことができないかなと思ったのですが、考えた結果、それは、

「才能×お金＋戦略」

　という形に整理できるように思いました。

　項目を1つずつ考えていきましょう。まず、「才能」です。

"ゼロイチ"のビジネスやコンテンツの魅力は、「お金だけでは面白いものができない」ことです。これは映画で考えるとわかりやすいですが、制作費を何十億円かけてもコケるものはコケる。才能がなければお金だけあってもダメ。

　次に、掛け算する要素としての「お金」。

才能は才能で大切、でも、その才能を具現化するだけの十分な資金もやはり重要。やりたいことを実現する、あるいはアイデアを具現化するために、いいチームやいい機材が必要だし、時間もかかる。だからお金も必要。

　そして最後の1つは、掛け算するわけではないですが、足すものとしての「戦略」です。

「お金はない。けれど、才能と戦略だけがある」という場合でも成功することがあります（少し前の例になりますが、制作費300万円でも大ヒットした映画『カメラを止めるな！』もそうですよね）。ただ、「戦略」は"掛け算"ではなく、やはり"足し算"という感じです。

　つまり、どれだけSNSの見せ方（戦略）がうまくても、大元の力がないと売れるものは作れない。反対にSNSなどやらなくても売れる作品はある。戦略は「足し算」的だなと思っています。

　さて、ここで重要なのは、最近「"お金"が集まる場所が移動してきている」ということです。

　具体的にはYouTube、そしてNetflixなど。YouTuberの30分の番組でマンションをプレゼントする企画をやっているのを観たことがあります（おそらく費用は数千万円）。ではそのようなたった30分のコンテンツを、今テレビでできるかというと、使えるお金は桁が1つか2つ小さくなります。つまり、「人気YouTube＞＞＞テレビ」になりつつある（単純に制作費が逆転している）。

　これがどういう現象を起こすかというと、「才能の移動」

です。

　才能ある人は、それを発揮するためのプラットフォームを選べる立場にあります。テレビだろうが、なんであろうが関係ありません。オリジナルコンテンツを作ったら、「どこを出し先にするか？」を決められるからです。

　そして、才能ある彼らは往々にして「いい作品を作ること」が最優先なので、お金があるところに流れます。こうやって才能が「既存メディア→ネット」に移っていく流れはすでにアメリカでは如実に表れていますが、これは日本でも起こりつつあります。

　才能が流れ始めればお客さんはさらにネットに行きますから、既存メディアは苦しくなる。苦しくなると制作費を落とすので、さらに才能が減ってしまいます。

　ではどうすればいいのか？

　僕が思うのは、「お金」の桁を1つ・2つ変えることで、才能を爆発させられないか？　ということです。

　これは特に出版業界で起こり得るのかなと思っていたりします。僕が思うに本はおそろしく才能依存型のビジネスで、他の業界に比べるとお金がほとんどかかりません。重要度でいえば「才能100：お金5」くらいのイメージでしょうか。であれば、逆にこの「お金」の部分を1桁上げられる体制の出版社を作れば、「見たことがない本」を作れるのではないか、などと思ったのです。

　僕が、デジタルの本の出版をしたのも、この「1桁変える仕組み」をどうやって生み出すかを考えた結果だったりします。デジタルでの出版だからこそ1つのコンテンツ

に異様にお金をかけられる、あるいは、1桁小さい金額で売れる……そんなコンテンツをチームで作れたら面白いなと思ったのです。

皆さんも是非「1桁上げる（下げる）」ということを、日常シーンでも考えてみていただきたいです。

人は「10倍、100倍にするにはどうすればいいか？」を考えると、既存の思考では出てこない戦い方ができるようになります。

静かに身を修め、徳を養う

歴史上の名将・偉人たちを猛烈な勢いで研究していた時期に出会った素晴らしい言葉があったのでシェアさせてください。それは次の言葉です。

それ君子の行いは静もって身を修め、
倹もって徳を養う。
澹泊にあらざればもって志を明らかにするなく、
寧静にあらざればもって遠きを致すなし。

それ学は須らく静なるべし。才は須らく学ぶべし。

学にあらざればもって才を広むるなく、

静にあらざればもって学を成すなし

　この言葉に最初に出会ったとき、含蓄が深く、文学的だなと感銘を受けました。

「どうやって人は才能を開花させるのか？」ということにヒントをくれる言葉です。

　それは文章を逆から読み直してみるとよくわかります。

・人の才能はどうやって開花する？

　→学ぶことで才能は開花する

・では、学ぶには何が必要ですか？

　→「静」が必要です

　→優れた人は普段から静かに身を修め、徳を養っている

・では、「静」だけで学は完成しますか？

　→いえ、志が必要。志があって学問は完成する

・では、強い志はどこからくるの？

　→穏やかであり、かつ、無欲（澹泊）であることだ

　さて、この言葉は誰の言葉かというと、実は『三国志』の蜀の軍師・諸葛亮の言葉。子孫のために残した家訓「誡子書」に書かれたものです。中国には諸葛亮の子孫が住む街があるらしく、そこで代々言い伝えられている言葉だとか（書き下し文の出典は『諸葛孔明　「三国志」とその時代』宮川尚志著　講談社学術文庫）。

諸葛亮は天才軍師と言われていますが、死ぬときにほとんど財産を残さなかったと言います。まさに無欲の人ですね。

　話は少しそれますが、僕は渋沢栄一の考え方が好きです。渋沢栄一は「日本資本主義の父」と言われていますが、人生で一度も「資本主義」という言葉は使っていないらしいです。代わりに「合本主義」という言葉を使っていたようです。

　合本主義は、「利益と公益の両立を目指す考え方」を指します。渋沢栄一が株式会社を大量に作ったのとともに、公益的な法人も大量に設立したのは有名ですね。これが合本主義の考え方によるものらしいです。

　利益と公益性を目指す、現代でいうステークホルダー資本主義（株主価値を最大化するという伝統的な考え方に対して、ステークホルダー全体を考慮すべきとの考え方）です。この辺り、諸葛亮の考え方と共通するところがあるような気がします。

　僕たちが、諸葛亮の言葉がいうところまで自分を高めることはなかなか難しいとは思いますが、それでも僕たちが彼の言葉から学べることはあるでしょう。

　ぜひもう一度、諸葛亮の言葉を見つめてみてください。僕は最近、毎日この言葉を書写しています。

グッド・アンセスター

　僕のコミュニティで、『グッド・アンセスター　わたしたちは「よき祖先」になれるか』（ローマン・クルツナリック、松本紹圭訳）を年末年始の課題図書にしたことがあります。「グッド・アンセスター」、つまり、僕たちが「良き祖先」になるにはどうしたらいいか——年末年始に考えるにはピッタリのテーマだと思ったからです。

　今の時代は、SDGs や、ステークホルダー資本主義などが叫ばれ、「どうやって未来志向で物事を考えるか？」が問われつつあります。

　ビジネスの世界でも確実にその流れは来ていて、たとえば孫正義氏は「300 年先も残る企業」を作るにはどうすればいいかと考えて経営している、とも言われています。あるいはイーロン・マスクやジェフ・ベゾスが宇宙を目指すのも、もはや数百年先を見据えての行動ですよね。

　現時点では、ビジネス界の頂点の人たちが考えるレベルの話かもしれませんが、いずれ僕たちのところにも降りてくると僕は思っています。

『グッド・アンセスター』は、端的にいうならば「いかにして長期視点で物事を捉えるか」を論じた本なのですが、印象的なエピソードがいくつかありました。

たとえば、哲学者のフリードリヒ・ニーチェの言葉。ニーチェは次のようなことを言っているそうです。

　　「何のために」生きるかが定まっている人間は「どのように」生きるとしても、たいてい耐えられる

まさに至言です。

WHY が定まっていると、HOW がなんであれ、耐えられる。その逆はない、ということです。

僕たちは普段、HOW や WHAT ばかりに目がいってしまいますし、実際それに忙殺される毎日を送っています。ただ、そんな日々の中でも WHY が定まっている状態であれば、たいていのことには耐えられる。反対に、どれだけ待遇がよかったり、社会的に認められていたりする会社であっても、WHY が定まっていないような職場であれば、長時間の労働をすることは耐え難い。卑近な例でいえばそのようなことを、ニーチェは上記の言葉で表現しているのだと思います。

これを身近な例に寄せて考えるとどうなるか？

たとえば、これは僕がコミュニティのなかでもよくいうことでもあるのですが、僕が重要な意思決定の際に大切にするのは、

「自分の葬式のときから逆算する」

ということです。

具体的には、「この重要な意思決定は、自分の葬式のときにどんなインパクトを残すだろうか？」、あるいは、「自分が死んだとき、どんなお葬式に、どんな人たちが来て、どんな言葉を言ってほしいだろうか？」と想像します。その上で、「あぁ、こう言ってほしいな」「こう言われるのは絶対嫌だな」と思うことに関しては、その感覚に従います。

一方で「この意思決定は、別にお葬式のときの弔辞に何も影響ないな」と思うことに関しては、「これは、短期的には自分にとっては大きくても、究極的にはどちらでもいい話なんだな」と理解したりします。

つまり、全ての意思決定は３つに分類できる。

①超長期で考えると、人生にとってプラス

②超長期で考えると、人生にとってマイナス

③超長期で考えると、人生にとって影響なし

この３つです。そして、実は多くのことが「③影響なし」だったりします（たとえば、「上司に怒られる」とか、ですね）。

もちろんそういうふうに考えても、目の前の課題や辛いことから完璧に逃れることはできません。辛いのは辛い。

だからといって意味がないわけではありません。というのも、少しだけマクロの視点に立ってみることで、「本当の意味での自分の人生にとっての価値」が明らかになったりするからです。

目の前のHOWやWHATが、自分のWHYにとってど

ういう価値があるか、ということを再定義することができる。その結果、まさに、「『何のために』生きるかが定まっている人間は、『どのように』生きるとしても、たいてい耐えられる」——という状態に近づく気がします。

ポジティブな側面を注視する

　世の中には、ネガティブな情報もポジティブな情報も、どちらも溢れかえっています。普通に生活しているだけで、いろんな情報や言葉を受け取ります。

　特に、テレビやニュース、SNS などを見ると、ネガティブな情報は探そうと思えばいくらでも見つかるでしょう。しかし一方で、ポジティブなニュースや話のほうはどうでしょうか？　自分で意図して探していかないと、なかなか目に飛び込んできません。特に疲れているときはその傾向が強いように思います（僕はよくそうなります）。

　そんなふうに思ったのは、Mood Mint というアプリを知り、使ってみたことがきっかけです。このアプリは有料

で、かつ iOS にしか対応していないようですが、あると
きおすすめされたので、ダウンロードして試しにやってみ
たのです。

　このアプリを簡単に説明すると、「とてもシンプルな
ゲーム」です。アプリ内に４つの画像が表示され、その
なかから「幸せ」「ポジティブ」な画像を１つタップする
だけ。たとえば、「笑顔の写真」があったらそれをタップ。
あるいは「自然」の風景写真があったらタップ。これをで
きるだけ早くやります。そのスピードによって点数が出る
ので、制限時間内にできるだけ高得点を狙うというもので
す。

　ひたすらポジティブな写真を選ぶ、ただそれだけです。
しかし、やってみると、大げさに言えば「人生の本質」の
ようなものを感じることができるのです。

　このアプリで「４つの画像から、１つを選ぶ」ことは、
「注意バイアス修正訓練」になるとのことです。

　生活しているとポジティブな情報もネガティブな情報も
大量に目にしますが、そのなかで「ネガティブな情報ばか
り目に飛んでくる」人もいれば、反対に「ポジティブな情
報ばかり目に飛んでくる」人もいます。ほとんどの人はそ
の中間でしょう。その中で、特に「ネガティブな情報にば
かり目がいく」状態を修正するのが「注意バイアス修正訓
練」だということです。

　４つの写真のうちから１つのポジティブな写真を高速で
選ぶ。これが「人生のポジティブな側面に注意を向ける」

訓練になります。いわば、ネガティブな割合を減らし、ポジティブな側面に注意を向けさせるということでしょう。

実際にやってみるとわかるのですが、高得点を叩き出すのは意外と難しい（僕だけかもしれないですが）。ただ、何度も繰り返していくと自然に高速で「ポジティブな写真」を見つけられるようにもなっていきます。そんなとき、僕は「あぁ、そうか、これって、本当に人生そのものだな」と思ったのです。

目を凝らして注意すれば、どんな状況でも必ずポジティブな情報は存在する。それを選んで見ていくことを積み重ね、日々、"点数"を重ねていく。これってまさに人生そのものと思いませんか？

ちなみに、実は僕は数年前の年末年始に大量のストレスがかかっていたことがあり、振り返ってみると当時は相当気分が落ち込んでいた、ということがありました。今思えば本当に辛かった時期です。そして、そのときはたしかに「ネガティブな情報ばかり注意していたな」と思います。

そんな実感もあるし、普通にしているとやはりネガティブな情報に目がいきがちでもあるので、この「注意バイアス修正訓練」をしばらくはルーティンに入れようと思いました。

皆さんのなかでも、「自分も気を抜くと、ネガティブな情報に目が行きがちだ」という方は、このアプリを試してみてもいいでしょう。アプリを使わないまでも、ポジティブな情報を見ていくように意識するだけでもまずはいいかもしれません。

正体を隠して1億円稼ぐ 大富豪のコンテンツが 超勉強になった話

　皆さんはディスカバリーチャンネルの「起業チャレンジ！覆面ビリオネア」を知っていますか？　面白いだけでなく、経営やリーダーシップ、事業や、組織論が学べる、最高レベルのドキュメンタリーコンテンツです。

　ストーリーを簡単に紹介すると、億万長者で起業家のグレン・スターンズという人が、自らの素性を隠して、縁もゆかりもない土地に降り立ち、ゼロから90日で1億円を稼ぐ、というものです。

　覆面をされた状態で、知らない街を訪れるグレン。元手は現金100ドルと古いトラック、そして電話番号が登録されていない携帯電話の3つだけ。

　そこから、まずは身銭を稼ぎます。単日バイトのようなことをしたり、中古車を売買したり、中古不動産をリフォームして売ったり。なんとかその日を生きていく日銭を稼ぎながら「新規ビジネス」を立ち上げていく……そんな話です。

　このグレン・スターンズという人が、リーダーとして、

143

あるいは経営者として本当にすごい。人との向き合い方、最初の売上の作り方、仲間集め、マーケティング、そして勝負所でのお金の使い方。全てがリアルですし、しびれます。観ていたら、最後には涙も出てきました（笑）。このシリーズの動画は無料で YouTube で公開されているので、興味があればぜひ見てみてください。

　番組はところどころで「ビジネスに活かせる学び」が解説される構成になっているのですが、これが振り返りにも役立ちます。

　たとえば次のような学びが紹介されます。

〈ビジネスに役立つ、11 の Tips〉
　①買い手を見つけて相手のニーズに合わせる
　②取るに足らない仕事などない
　③人材を雇う決め手は「人柄」
　④自信を植え付けよ
　⑤個々のやる気の出させ方を知る
　⑥ライバルを収入源にする
　⑦ "NO" からビジネスは始まる
　⑧自分より優秀な人材を探す
　⑨自分へのお膳立ては自分でする
　⑩トラブルが起きても動揺しない
　⑪誰よりも痛みに耐えよ

　並のビジネス書に書いてあることより実践的で、網羅的なのがわかります。

僕はこういうリストを見ると、とりあえず、「自分がどれぐらいできているか？」をチェックする癖があります。早速、各項目を「○・△・×」でチェックしてみると、「○が６個、△が４個、×が１個」という結果になりました。まだまだ道半ばというところですね……。

僕はセールス職を本格的にやったことがないので、そこの弱さが出ているな、と感じました（ちなみに「×」がついたのは「⑥ライバルを収入源にする」で、あまり得意ではありません）。ぜひ、皆さんもチェックしてみてください。

僕が番組を観ていて、ヒシヒシとその重要性を感じて震えたのが「⑦ "NO" からビジネスは始まる」ということを体現していたシーンです。

番組内で何度となく、「もうダメかもしれない」と思われる場面や、予想外のトラブルが発生するのですが、そんな状況でもグレン・スターンズは絶対に諦めません。打開策を見つけ、成功を信じて、行動しつづけます。そして問題を解決していく。まさに「 "NO" からビジネスは始まる」を実践していたのです。

その姿を見たら皆さんもおそらく、「この人本当にかっこいいな」「ついて行きたい」となると思います。「 "NO" からビジネスは始まる」という考え方は、第１章の「バカにされることの大切さ」でも書きましたが、「反対されればされるほど、そこで諦める人が多いので、むしろチャンスになりえる」ということです。物語においても、そんな考え方をするキャラクターこそかっこよかったりしますよね。

「"NO" からビジネスは始まる」──これは自分もまだ伸ばせる部分だな、と彼を見ていて思いました。

　ぜひ、皆さんも番組を見た上で、11 のチェックリストをやってみてください。きっと仕事の糧になると思います。

バイヤーズイン思考

　ここでは「バイヤーズイン」（バイヤーイン）という思考法を紹介しようと思います。

「バイヤーズ＝ Buyers」のことで、つまりは「買い手探しから入る」「買い手の財布から考える」ということです。

　よく、ビジネスの世界では「マーケットイン」か「プロダクトアウト」か、という話をしますよね。マーケットインは「市場から考える」という意味で、プロダクトアウトは「自社の製品やサービス、機能から考える」ということです。

　経験上思うのは、まず基本的には「プロダクトアウト」ではほとんどうまくいかない、ということ。もちろん小さい領域ではマネタイズできることはありますし、突き抜け

ればプロダクトアウトの商品・サービスもヒットすること
があります。でも、ほとんどの場合では、ピボット（方針
変更）せざるを得なくなります。

一方で、「マーケットイン」のほうはどうかというと、
これはこれで問題があることが多い。それは「マーケット」という言葉の定義が、曖昧かつ難しすぎるからです。

普通に考えて、マーケットインという言葉における
「マーケット」って、どういう意味でしょうか？　日本語
に訳せば「市場」となりますが、市場規模のことを言っているのか？　それともユーザーのペインのことでしょうか？　あるいはユーザーのインサイトのこと？

定義自体が曖昧ですし、実際にそれを見つけることも割とセンスのいる話なので、実は「マーケットイン」で考えることはけっこう難しいことだと思います。

ではどうすればいいか？　ということで出てくるのが、
僕が「バイヤーズイン」と呼んでいるものです。

前項で紹介した「起業チャレンジ！覆面ビリオネア」の
動画内にも、「まず買い手から探せ」という掟が紹介されていましたが、まさにそれのことです。

もう少し丁寧に解説すると、「誰ならお金を喜んで払ってくれるか？」から考えることだともいえます。つまり、
「お金をすでに予算として持っている人は誰か？　そしてその人のどんなニーズに応えれば、予算をもらえるか？」
というところから考えていく方法です。

マーケットインの考え方の難しさは「曖昧になりがちなこと」にありましたが、バイヤーズイン思考のほうは「明

確に買い手の顔をイメージして、決定してから作る」とい
う考え方なので、より具体的になりやすいです。

　ある SaaS ビジネスの起業家の方も、「SaaS ビジネスで
重要なのは、『作ってから売る』ではなく、『売ってから作
る』こと」と仰っていました。これこそまさにバイヤーズ
イン思考です。

　クラウドファンディングも近い考え方です。

　先に買い手を集めておいてから、作る。そうすれば、必
ず売れる——まさにバイヤーズインですよね？　クラウド
ファンディングには実は、"応援経済"という側面と、こ
の"バイヤーズイン思考"という側面の2つの面があるわ
けです。

　皆さんも、何か新しい企画や商品を考える際は、「誰な
ら喜んでお金を払ってくれるか？」から考えてみてはいか
がでしょうか。「バイヤーズイン思考」、是非使ってみてく
ださい。

「お財布のシェア」を
考える

先日、本業の関係で「新規事業案」へフィードバックする機会がありました。あるテーマに基づき新しいサービスや事業の提案をしてもらい、僕は審査員としてフィードバックをする役割でした。

　そのような場でよく僕がする話があります。それが「お財布のシェア」という話です。

　新しいサービスや事業を思いついたときに、そのサービスや事業は「どの財布の、どの予算のシェアを奪うのか？」を考える——ということです。

　わかりやすい例で説明すると、あなたが今、新しいコンセプトのカフェを開こうとしているとしましょう。その際、そのカフェは「どの財布の、どのシェアを奪うことになるのか」を考えるということ。たとえば東京の表参道でカフェを開くのであれば、当然、同じ地域のカフェに行く可能性のある人たちの「財布のシェア」を奪う、ということになります。

　ここでポイントになるのは、「財布」という表現を使うところです。前項のバイヤーズインよりもさらに具体的でイメージがしやすい言葉ですよね。

　事業開発やサービス開発のプランを練るときは、「市場規模」を算定します。でも、この「市場規模」というものは前述のようにけっこう曲者で、「なんとなく合っていそうな数字」を使ってしまうことも多いものです。

　たとえば、先ほどの例であれば「日本のカフェ市場」という数字を使ったりします（喫茶店市場は１兆円ぐらいらしいです）。最終的には確かに、この１兆円がターゲットに

なるわけですが、ここで気を付けないといけないのは、それは「最後」の話だということです。

　僕が思うに、事業開発やサービス開発の最初に重要なのは「財布」のイメージまで具体的に考えること。カフェの例であれば、表参道を訪れた人の「財布」から、500 〜 1000 円のシェアを奪うわけです。

　この具体性がとても重要です。

　これは法人向けのサービスでも同じです。なんとなく「あったらよさそう」だけど、「奪うべき財布」が具体的にイメージできないサービスは、立ち上がりで相当苦労したりします。

　ここでは事業開発という文脈で話していますが、これはマーケティングや営業でも同じです。

「市場規模」や「売上」はもちろん重要ですが、さらに具体化するには、「財布のシェア」というふうに考えてみるとよりシャープになります。

「このサービスは、誰のどの財布を開いてもらって、どの予算のシェアをもらうものなのか？」

「そもそもその財布の予算っていくらぐらい？　どうやったらお財布を開いてもらいやすくなる？」

　と考えるということです。

　意外と誰も教えてくれないですが、とても重要な思考法なのでおすすめです。

人気より信頼を取る

　様々な経営者の方とお話しするときよく感じることに、「人気より信頼（信頼＞＞＞人気）」というものがあります。

　特に30代以降になるとこの傾向が顕著に現れるようです。ピンとこないという人もいるかもしれませんが、「人気を追いすぎると辛い」ということは往々にしてあるのではないでしょうか。

　わかりやすい例でいうと、タレントや芸能人。特に「見た目」をウリにしている人を例にとるとイメージしやすいでしょう。

　10代や20代はそれこそ、美貌やビジュアルで人気は獲得できる。でも、30代、40代になると、その強みだった要素も徐々に弱っていき、「ずっと人気を取り続けるハードル」は一気に上がっていきますよね。

　結果的に、第一線から離れていく。あるいは、変な方向に行って人気を取ろうとするが、その人気もだんだん失われる方向に傾き、空回りしてしまう……。芸能界を見ると、こういうケースがたくさん見つかると思います。

でもこれは僕たち一般人においてもきっと同じです。「人気」を取り続けていくというキャリアは、年を重ねると"死に筋"になると思うのです。

　では、どうすればいいかといえば、それが「信頼」です。

　年をとるにつれて「人気」を取るハードルは徐々に上がる一方で、「信頼」のほうは、むしろ年を重ねていくにつれて勝ち取りやすい面すら出てきます。たとえば、「この土地で15年やっています」とか言われれば、それだけでなぜか信頼感がありますよね。

　では、信頼を勝ち取る上では何がポイントになるかといえば、次の2つだと思います。

　信頼というのは、

　①言っていることと、やっていることが長く一致している（＝言行一致）

　②好き嫌いとは別物である

　この2つがポイントだと思います。①のほうは想像がつきますよね。逆に「言っていることとやっていることが違う」人はなかなか信頼できないと思います。

　そしてもう1つ重要なのが、②の信頼は「好き嫌いとは別物」だということを意識することです。

　これはブランド品で考えるとわかりやすいかもしれません。ヴィトンというブランドは、好きな人や嫌いな人もどちらもいますが、どちらにしても信頼感は覚えると思います。グッチもエルメスもそうだと思います。

　好き嫌いは人によってあるけれど、ブランドに対する信頼感はあります。

自分のキャリアを考えるうえでも、「人気より信頼」の意識を持つことは1つの方法だと思います。

　僕自身、振り返ってみると、本を作って作家としても働いてきた20代後半から30代前半は「人気商売」的な部分で戦ってきた側面がありました（本は、著者が好かれていたほうがいいわけですから）。でも、「これをずっと続けるのは、どこかで限界がくるな」と薄々感じていました。

　そんなときに経営者の方に話をうかがったあと、「人気より信頼だ！」と整理しなおしてみると、「気にしなくていい部分」がわかるようになり、妙にスッキリした気分になりました。

　ただ、「人気を気にしない」のはまさに"嫌われる勇気"ということかもしれませんが、それだけだとビジネスは成り立たないので、「むしろ信頼を大切にしよう」ということですね。つまり、1万人に好かれる必要はないけれど、身近な数十人に信頼される必要はある、ということ。

　キャリアで迷ったり、何か落ち込むようなことがあったりしたときでも、「人気より信頼」を思い出して、それを指針にして行動してみてはいかがでしょうか。

日本を変える
アイデアの話

　デロイトトーマツベンチャーサポートの斎藤祐馬社長と、PIVOT の佐々木紀彦さんと３人で食事をしたときに聞いた面白い話があります。未来のビジネスを考えるうえでも役立つと思うので、シェアします。

　その話とは、「日本経済を引き上げるアイデア」です。結論からいうと、日本経済を盛り上げるために必要なのは、

　①岩盤規制を崩す

　②リスキリングの制度を整える

　③解雇規制を緩和する

　ということです。

　しかも、重要なのはこの「順番」。「①→②→③」という順番で進めていくことが大切、ということでした。

　これだけではよくわかりませんので、解説していきます。

　まずは①の岩盤規制です。

　僕もこの言葉を知らなかったのですが、これは、いろいろな規制の中でも、とくに「岩のように硬くて重い規制」

のことをいうようです。具体的には「医療」「農業」「教育」「雇用」などの分野における規制を指します。

こうした分野の規制は、仮に政府が変えようとしても「抵抗勢力が多い＝変えづらい」ため、まさに岩盤のようだから、「岩盤規制」と呼ぶらしいです。

では、なぜ抵抗勢力が大きいのかというと「既得権益がデカいから」。そもそも参入するための壁が高かったりする分野です。また政治家が変えようと考えても、選挙で負けてしまうことになる。そのため、二重に「変えづらい」。実行するには、高い支持率が必要です。郵政改革をした当時の小泉 純一郎元首相くらいの人気（支持率）が必要だということでしょう。

この岩盤規制を崩す、簡単に言うと「既得権益にメスを入れる」というのが①です。

次の②のキーワードは「リスキリング」です。

すでに人口に膾炙している言葉ですが、簡単に言うと「学び直し」です。たとえば、ドイツでは国が「どのスキルがいま足りないのか？」を把握して、失業者のリスキリングをする。そんな社会保障制度が整っているといいます。

日本でも同じように失業した人に対して「今足りないスキル」を把握して教育する。②はそのような仕組みを作るイメージです。

そして最後の③。「解雇規制を緩和する」ために必要なのは、よく言われるように、終身雇用制度の撤廃などですね。人材の流動性を上げることで人が成長産業へ移りやすくなるようにするということ。

さて、今回の話の要諦は「この順番が大事」ということでした。つまり、いきなり③の「解雇規制の緩和」を目指してはダメということです。

　まず「岩盤規制」を崩し、新興産業が儲かるようにする→次に「リスキリングの制度」を整えて、退職しても、きちんと学び直しができるようにする→最後が「解雇規制の緩和」。

　この順番を守れば、働く人が、安心して学び直して、次にチャレンジできるようになるということです。たしかにいきなり解雇規制だけを緩和しても、路頭に迷う人が増えるだけですし、不安が増大するでしょう。経済にとっていいとも思いづらいです。

　基盤となるリスキリングの制度と、儲かる産業づくりをしておくことで、なめらかな移動ができるようにするということです。

　ここまでは「日本経済を引き上げるアイデア」というマクロな話でしたが、この３つのフローは、僕たちの仕事のなかでも活かすことができると思います。

　たとえば、社内で人材配置をする際もこの「順番」が大事だということです。

　例として挙げれば、企業において社内で非活性化した人材が大量にいて動きがとりづらくなっている場合。アナロジーを効かせると次のようになります。

①既存事業のガチガチのルールをはずして、儲かる新規事業を作る（儲けられるようにする）

②新しい技術を学び直せる育成体制を作る

③早期退職または、異動を行う

この順番であれば、きちんと意欲のある人は学び直した上で異動できますよね。一方で、いきなり③だけをやると、不満が噴出し、大量の退職者が出てしまうのも当然です。

移動（異動）できる「先」をまず作り、そこに移動する上で必要な「教育」を整え、一気に「変革」する。この3ステップは多くの人がいる国や会社などの組織で何らかの変革を起こす際に使えるフレームだなと思いました。いろいろなアナロジーを効かせられると思うので、参考にしてみてください。

「全ての人にとっての最善策ではない」

僕の本業における動画 LIVE のお仕事で、トヨタの副社長・CTO（当時）の前田昌彦さんとお話をさせていただく

機会がありました。

　テーマは「トヨタが実現する未来とエンジニアたちが磨く技術」で、前半は「トヨタが目指す 20XX 年の未来」という話、後半は「キャリア寄り」の話でした。

　さすがに世界のトヨタの方がお相手だったので妙なプレッシャー（？）もあり、僕は本番に向けて事前に念入りにリサーチをしました。そして、その過程で面白い言葉を見つけました。

　それがこちら。

　　平均的な人に対する最善策というのは、全ての人にとっての最善策ではない

　この言葉は、豊田章男社長（当時）が仰っていた言葉です。まず、トヨタのリーダーが言ったとなると、一層重みがありますよね。

　トヨタといえば「地産地消」、つまり、その土地で使うものはその土地で作る、ということを大切にされています。また、トヨタの車は世界中にあるので、当然「顧客は、ほぼ全ての地球上の人」です。そんな企業状況において大事にしているのが上記の概念──僕はそのように解釈しました。

　前田さんとお話しした当日、前田さんがこの言葉の具体例を話してくださいました。

　たとえば、いわゆる新興国の奥地などでは、実は「高性能のディーゼル車はいらない」などと言われるらしいです。

なぜかというと「壊れても修理できないから」だそうです。国連の職員などが高性能のディーゼル車で奥地に行こうとしても、「もし奥地で壊れたら、そんな高性能な車は直せない。だからもっと低性能な車が必要だ」と言われるらしいです。

確かに、ジャングルの奥地で壊れてしまった車を直せないとしたら命に関わります。だから「もっと性能が低い車」が売れるということです。これは、日本や米国、EUといった、いわゆる先進国では考えられない話ですよね。

ただ、前田さんが別のときにされていた発言によると、たとえば同じアメリカの中であっても、実は似たような状況が起こることもあるということです。

前提としてトヨタは「フルライン戦略」というものを掲げています。これは水素自動車からガソリン車、100%電気自動車（BEV）まで、全てフルラインで自動車を作っていく、という戦略です。つまりは電気自動車だけに絞らない、ということです。

なぜこれが重要かというと、やはり、「平均的な人に対する最善策というのは、全ての人にとっての最善策ではない」からです。

アメリカといえば電気自動車のテスラの躍進が常々言われますが、それはまだまだ東海岸と西海岸メインでの話です。そこでは電気自動車の充電スタンドなどの設備も整い始めており、確かにテスラの勢いがあります。一方でアメリカの中部では事情が違い、電気自動車ではやりまだまだ不便です。

また、ブラジルトヨタでは、ガソリン車でもバイオマスエネルギーをうまく組み合わせ、ほぼ100%に近いカーボンニュートラルを実現した例もあるとのこと。電気自動車だけが全ての人にとっての最善策ではないということです。

　そして、トヨタの社会的責任を考えると、やはり「フルライン戦略が必要」だということになります（もちろん技術的な転換が難しい、というのもあると思いますが）。

外発的動機付けで人格を鍛える

　前項に続きますが、僕がトヨタの前田昌彦さんの話を聞いて改めて思ったのは「社会的責任が人格を育てる」ということです。人の人格も、法人（企業）としての人格もそうです。

　実際、前田さんはなんというか、人間的な深みがある方でした（おそらく普段はとても厳しいとは思いますが……）。それはなぜかといえば、やはり「社会的責任を負った立場で働いてきたから」という部分も大きいのかな、と思います。

一方でトヨタは、「全ての人に移動の自由を」という大きな目標を掲げています。

　これを、普通の企業が言うか、それともトヨタが言うかで、印象は全く違うと思いますが、その理由は「社会的責任」を長く負ってきたからではないでしょうか。

　レベルが違いすぎて申し訳ないですが、実際、僕自身も上場を経験し、とても良かったなと思うことは同じです。具体的には、「面倒臭い責任も増えたけど、その分自分を成長させるきっかけにもなっている」ということです。

　僕はこれまで、どちらかというと「内発的な動機付け」をとても大切にしてきましたし、それこそが自分を動かす原動力でした。むしろ「内発的動機付けこそが一番大切」だと思ってきました。

　一方で、今回話して感じた「すごみ」のようなものは、決して内発的動機付けだけでは作られない、とヒシヒシと感じました。社会的な重い責任（＝外発的な動機付け）を負って乗り越えてきたからこそ出てくるすごみです。

　もちろん一方で、「技術を極める」ようなことは、内発的な動機付けでないと続けるのは難しいものです。実際、前田さんは対談の冒頭で「エンジニアだから、好きを極めてほしい」といったことを仰っていました。

　そう考えると、

「内発的動機付けによる課題は"技術"を鍛え、

　外発的動機付けによる課題は"人格"を鍛えるチャンス」

　そのように捉えることもできるのかな、と感じた対談でした。

意外性と王道性を両立させる

　本業のほうで大きなブランドキャンペーンを打ったことがあります。内容を簡単に説明すると、「ある IT 企業のリアルな最終面接とその採用会議を YouTube 上で公開する」というものです。

　企画名は「いきなり最終面接」。リアルでガチの最終面接と、裏側の採用会議で「何を話しているのか？」「どういう視点で候補者を見ているのか」までを明らかにしていくのです。

　このような企画を考える際に僕が大事にしていることが2つあります。

　それが「意外性」と「王道性」。正確には、意識するのはこれらの両立です。

　どちらか1つではなく、2つを両立させるのが一番難しい。けれど、一番実現させる価値のあることです。

　まず「意外性」について説明します。

　これは言うまでもなく「世の中が思っていなかったこ

162

と」や「絶対無理でしょ！」と言いたくなるようなこと。「いきなり最終面接」の企画でいえば、企業のリアルな「最終面接」をオープンにしてしまう。しかも「その裏側」まで明らかにする、という、「普通無理でしょ」と思うような部分への挑戦です。

もう１つが「王道性」。これは少し説明が必要かもしれませんが、これは、「待ってました」という期待値通りの部分のことです。普遍的なニーズの部分です。

今回の企画でいうと「面接」にフォーカスした、ということ。言わずもがなですが、採用活動で最も時間が使われて、最も難易度が高いのが「面接」です。その中でも、学生さんのニーズを調査すると「一番緊張するのは最終面接」だといいます。つまり、"面接"というテーマは超王道なわけです。

この意外性と王道性というのは、実はどちらか１つだけでは物足りなくなります。両方を持つことが大事です。

というのも、もし意外性だけだったらどうなるかを考えればわかります。「あっ」と世の中を驚かせて、一時的には注目を浴びるかもしません。でも、王道性がないなら、それはやはり「マイノリティの話だね」で終わってしまいます。

たとえば、少し前に「顔だけで採用する」という広告がありました。通常、顔で人を選ぶというのはタブーっぽい話なので、意外性はありました。でも、王道性がないため「あぁ、なんかプロモーションでやっているやつでしょ」

となりやすい。「意外性」だけではだめなわけです。

　一方で、「王道性」だけだったらどうか？

　それは「どこかで見たことあるやつ」となり、話題になりません。王道の人が王道のことをやることは強かったりしますが、僕たちのようにチャレンジャー側は「王道だけ」やっても弱いのです。

　繰り返しますが、重要なのは「意外性」「王道性」、この2つの両立です。

　そして、両立させるための方法論の1つは「企画は意外だけど、王道を巻き込むこと」だと思います。

　今回のケースであれば、誰もが知る企業に出ていただくこと。これで「王道性」が一気に上がりますよね（当然、これを実現させるのがやはりとても難しいのですが……）。

　皆さんは企画を考えるとき、どちらも意識できていますか？　意外だけど、王道の要素もちょっとある。これくらいのバランスを意識すると企画がうまくいきやすいのでおすすめです。

マイクロ
インフルエンサー
の時代

　先日、BitStar という会社の CEO・渡邉拓さんにお目にかかる機会があったのですが、そこでうかがったお話がとても面白かったです。

　BitStar の事業を簡単に説明すると、「マイクロインフルエンサーを大量に束ね、企業がマーケティング活動をするためのプラットフォームを運営」している会社です。

　ここでのポイントは、「上位5%"以外"のマイクロインフルエンサー」を束ねているところ。上位5%とは、ヒカキンさんとか、誰でも知っているような YouTuber などです。この会社は、「それ以外」のマイクロインフルエンサーを束ねている会社というわけです。イメージでいうと、YouTube のチャンネル登録者数が数万人から数千人くらいの人といったところでしょうか。

　渡邉さんが言っていて「なるほど！」と思った話がありました。それが、直近5年程度の人々のメディア接触において何が一番変わったのか、という話です。

直近5年で一番変わったメディア視聴。皆さんはなんだと思いますか？　ABEMAを観るようになったとか、TikTokを見ることが増えたとかだと思いますよね。結論としてはそうではなく、

「テレビでYouTubeを見るようになった」

　ということだということです。

　具体的な数字はうろ覚えなのですが、5年前の2018年頃にテレビでYouTubeを見る人はおおよそ500万人ぐらいだったそうですが、今（2023年）は、約3000万人いるとのことです（※2021年3月時点では日本で月間2000万人以上／Think with Google「『テレビでYouTube』が月間2,000万人に急成長中——コネクテッドテレビ広告、スマートニュースやパナソニックはこう使った」今泉涼二、2021年6月より）。たしかに今売られているテレビのリモコンにはYouTubeのボタンが最初から付いていたりしますよね。

　それで、これが何を引き起こしたかというと、「広告費の移動」です。これまで、テレビに広告を打っていたメーカーが、YouTubeにお金を大量に使うようになってきた。当然と言えば当然です。

　ただ、広告を打つ上で、テレビとYouTubeでは大きな違いがあり、それが「マルチチャンネル化」です。いわずもがなYouTubeには凄まじい数のチャンネルがあります。テレビのチャンネル数とは比べ物になりません。そのため、「どこにどういうチャンネルが存在していて、どれぐらい支持されているのか？」が広告主からしてもわからなかったりする。

そこで、ここを埋めるビジネスをしているのが BitStar さんということです。彼らは、プラットフォーム上でインフルエンサーの影響力をデータ化し、最適な広告配信を促します。特にマイクロインフルエンサーはそのまま広告を出しても imp 数（表示数）が多くないので、効果が限られているため、タイアップまでを商品として売るということをしているそうです。

　僕はこの話を聞いて「現代版の"電博"みたいだな」と思いました。そして、「マイクロインフルエンサーの時代がついにきているんだ」と感じました。

　少し前からマイクロインフルエンサーの影響力はバカにできないものでしたが、いかんせん広告ビジネスにするには「手間ひまかかるけど、儲からない」ものでした。でも、これが今や1つの事業になり、急成長しているわけです。「マイクロインフルエンサーの時代がくる」というのは以前から言われていましたが、それが急に「あぁ、ビジネスになるんだ」と強く感じられた瞬間でした。

　言ってみれば、僕が運営しているコミュニティのようなものも、「マイクロコミュニティ」といえるものです。インフルエンサーとは関係なくても、「マイクロ〇〇」という文脈で考えられることはないでしょうか。マーケティングや営業、商品開発の仕事をされている方はぜひ参考にしてみてはいかがでしょうか。

「あったらいい、ではなく、なくてはならないものを作ろう」

「あったらいい、ではなく、なくてはならないものを作ろう」

　では、「なくてはならないもの」とは？──そんな話をしたいと思います。

　世の中にはいろいろな商品やサービスがありますが、その中で「あったらいいもの」と「なくてはならないもの」の違いとは何でしょうか？

　僕は、「なくてはならないもの」とは、「実用性が高く、長期的な需要があり、環境や社会に対する貢献が大きいもの」と考えています。

　たとえば、電気や水道、インターネットなどは僕たちの生活に欠かせないものであり、社会全体の発展にも寄与しています。

　そんな「なくてはならないもの」の最近の例としてはスマートフォンがあります。現代の僕たちの生活には欠かせないものであり、情報収集やコミュニケーションの手段と

して非常に有用です。

　電気自動車もそうです。環境にやさしい技術であり、メーカーのなかには地球温暖化の問題にも取り組んでいる企業も多くあります。電気自動車はいつかの時代の「なくてはならないもの」になるでしょう。

　しかし、全てが「なくてはならないもの」だけで世の中は成り立っているわけではありません。「あったらいいもの」にも、それぞれの役割があり、僕たちの暮らしに彩りを添えてくれます。

　たとえば、ファッションやインテリア、趣味やエンターテインメントなど、これらは必ずしも「なくてはならない」ものではないかもしれませんが、僕たちの人生に楽しさや心地よさを提供してくれるものです。

　重要なのは、「あったらいいもの」と「なくてはならないもの」のバランスをうまく取り、それぞれが適切な位置に存在していることです。つまり、「なくてはならないもの」が基盤になり、「あったらいいもの」がその上に乗ることで、より豊かな生活が実現されるのだと思います。

　商品やサービスを開発する際には、「なくてはならないもの」だけでなく、「あったらいいもの」にも意識して取り組むことが大切です。その結果、ユーザーにとって心地よく、そして必要不可欠な存在となることができるでしょう。

　たとえば、スマートフォンのデザインや機能は、使いや

すさや実用性だけでなく、見た目や操作感、カスタマイズ性なども重視されています。これによって、スマートフォンは「なくてはならないもの」でありながら、「あったらいいもの」の要素も兼ね備えているわけです。

では、「なくてはならないもの」を作るためにはどうすればいいのでしょうか？

その答えは「ニーズのど真ん中を押さえる」だと思います。

「なくてはならないもの」を作るためには、ユーザーのニーズのど真ん中を押さえる。ターゲットとなるユーザーが求めているものは何か、彼らの日常生活で遭遇する課題や不満を洗い出し、それに対する解決策を提供することが重要です。

次に大事なのは、ユーザーとの対話を大切にすること。ユーザーのニーズを正確に把握するためには、彼らとの対話を大切にすることが求められます。アンケートやインタビュー、さらにはユーザーの実際の生活を観察することで、彼らが抱える問題や欲求を深く理解することができます。

そして、ニーズのど真ん中を押さえた商品やサービスを提供するためには、「具体的な解決策を提示する」ことが重要です。ユーザーが感じる問題に対して、どのような方法で解決できるのか、具体的なアイデアやプロセスを考えることが求められます。

また、ニーズのど真ん中を押さえることは、一度限りではなく、「継続的な改善を目指す」ことも大切です。ユーザーのニーズは変化するもので、時代の流れや技術の進歩

に伴って、新たなニーズが生まれることがあります。そのため、常にアンテナを張り、変化に対応できるように柔軟な発想を持ち続けることが重要です。

これらのアプローチを用いて、「なくてはならないもの」、多くの人々の生活に役立ち、社会にも貢献できるような価値あるものを目指しましょう。

「なくてはならないもの」と「あったらいいもの」の両方の価値を追求することで、僕たちの生活はより豊かで充実したものになります。ユーザーのニーズを深く理解し、既存の枠組みから抜け出し、世の中に新たな価値を提供したいですね。

課題そのものを 定義できる人?

生成 AI の ChatGPT の登場は、ビジネスの現場にも大きな影響を及ぼすようになってきています。

僕も先日、本業のほうで、下記のようなリリースを出しました。

「ChatGPT で就活の ES を約 30 秒で作成。ワンキャリア、

書き方よりも内容に時間を割ける ES 自動生成サービス『ES の達人』β 版が 5 月中旬にリリース」

　これは学生さんが就職活動の際に作る「エントリーシート（ES）」を、ChatGPT と 15 万件の ES データによって作成するというサービスです。業界的には「どこかが必ず出すだろう」と言われていたのですが、我々が先頭を切ってリリースすることができました。ChatGPT の API を利用したプロダクト／サービスですが、同様のものは今後も増えていくと思います。

　加えて僕は、これとは別な視点で「オペレーション業務」においても ChatGPT をよく使っています。

　実際に使うケースは多岐にわたりますが、たとえば以下のようなものです。
・議論のたたき台を ChatGPT で作る
・議事録やメモの編集を ChatGPT で行う
・全社会議でメッセージを伝える際のストーリーラインを作る

　実際に使ってみて思うのは、まず「超効率的」ということ。そして、「これはマジで仕事のやり方を変えないといけないな」ということです。

　言わずもがなですが「業務効率」がレベル 1 つ違うぐらいすごいです。たとえば、上に挙げた「議論のたたき台作成」ですが、これまで 1 つ作るのに社員 1 人が 2 〜 3 時間ぐらいをかけていました。これが ChatGPT を使うと 2 分ぐらいでできる。

　有償の GPT4 でも月 20 ドル程度なので、コスト対比で

いうと100分の1のイメージ。しかも「コミュニケーションコスト」も圧倒的に安い。AIなので、面倒臭いやりとりもしなくてもいいので、感覚的にいうと「1.5万円vs. 150円」くらいのイメージです。

　言い換えれば「コストが100分の1になる」ということでもあり、これなら社員1人いらなくなってしまう……といった感じです。

　これは、たとえば広告代理店の仕事などにも影響を与えると思います。広告代理店には伝統的な「ブレスト」という作業があるのですが、これが段違いに早くできる。ある新サービスにおいて、プロダクトの名前のブレストもChatGPTを用いて行いました。具体的には、ChatGPTに200案ぐらい「サービス名案」を出してもらって、最終的に自分たちで決定したのです。

　これをもし人がやったとしたら数日かかります。これをたった5分ぐらいでできたのです。衝撃的ですよね……。

　さて、ここで何が言いたいかというと、ChatGPTの出現によって、「雇うべき人」がガラッと変わった、ということ。

　世の中に、

　①課題そのものを定義できる人

　②課題に対して答えを出す人

　③答えを出したものを実行する人

　の3パターンの人がいるとしたら、①の価値がより上がったな、と思います。

　コンサルティングファームにおいては「専門性」がない

人はいらなくなるかもしれない……とか思ったりします（つまり ChatGPTを "雇う" ほうが遥かに安い）。

　この「After ChatGPT」とでも呼べる世界の解像度は僕もこれから高めていきたいですが、ビジネスにおける価値基準に大きな影響をすでに与えているということはいえると思います。皆さんは ChatGPT をどう使っていますか？

　今後、どのように働きたいと思っていますか？

第 **5** 章

［人生］

「自分の強み」に
フォーカスする生き方

マッキンゼー流
「強みの育成法」

　外資系戦略コンサルティング企業であるマッキンゼーの友人に聞いた「強みの伸ばし方」に関する話があります。

　僕の友人のチームは、面白い1on1をするらしいのです。これはチームによるとのことで、マッキンゼー全体で取り組んでいることではないのですが、僕はそれが「マッキンゼー流、強みの伸ばし方」とも呼べるものだと思ったものです。

　その1on1とは、「ひたすら強みにフォーカスする1on1」です。頻度としては、1週間に30分ずつ。忙しいときは隔週でやっていたそうです。

　そこでは、主に3つの話を上長とします。

　まず話すことは、

　①今週できたこと（うまくできたこと）。

　次に聞くのは、

　②次の週にやること（＝できるようになること）。

　最後は、

　③上長へのフィードバックやヘルプが必要なこと。

その友人は最初、1on1でこれらのことを聞かれて困ったらしいです。特に難しかったのが①。なぜかというと、そもそも、入社当初は「①できたこと」がまともになかった、と思ったからです。

とくにマッキンゼーはビジネス戦闘力が高めな人が多いですから、新人や若手が「自分ができたことなんて何もない」と思うのも仕方ないのでしょう。

ただ、そのように答えても、パートナー（上長）は決して首を縦に振りません。何度も「いや、何かあるから探して」と聞かれるらしいです。

フィードバックにもいろいろありますが、ダメな部分ではなく「何かしらあなたがやったことがあるはずだ」というポジティブな部分に目を向けよう、というものです。「②次の週にやること」も全く同じ構造です。

普通なら「今週できなかったこと」を聞きそうになりますが、あえて「次の週にやることは？」と聞くそうです。

これもその目的は明白で、「過去」ではなく「未来」にフォーカスを当てることで、「成長」を加速させようとしているのだと思います。

そして最後は、③「上長へのフィードバック」や「ヘルプ」です。②→③の流れで聞かれるので、自然と、「来週○○をやるために、××をサポートしてほしい」という構造になります。実際、僕の友人も「これを2年ぐらい繰り返してもらったおかげで、自己肯定感が自然と高くなった」と言っていました。

177

僕は正直、この話を聞いたときに、反省しました。リーダーとして「ここまで徹底できているか?」「強みを伸ばす質問をできているか?」と考えたからです。

　日常のルーティンやミーティング、1on1で、ここまで徹底して「強み」にフォーカスを当てているか?　その人の「強み」を伸ばせているだろうか?　そう考えたとき、思いっきり Yes とは答えられませんでした。

　皆さんはどうでしょうか。ぜひミーティングをするときには意識してみてください。もしかしたら自分自身に同様の質問をすることも有効かもしれません。

ドラッカーに学ぶ 「強み」と「成果」の話

　ある連休の間に読み直していた本があります。P・F・ドラッカーの『プロフェッショナルの条件』と『経営者の条件』です。

　何度読んでもドラッカーはやはり本質的だなと思いますが、特に今回読み直して、昔は気づかなかったけれど今読

むと「たしかに！」と思ったことが２つありました。

まず、ドラッカーがいう「成果」の話。

ドラッカーいわく、成果とは、以下の３つのことです。

①直接の成果

②価値への取り組み

③人材の育成

これらを簡単に説明すると、まず①直接の成果。これは売上や利益のことなのでわかりやすいですね。たくさん売る、生産性を上げる、ということです。

次は②価値への取り組み。これは競争優位を生み出す取り組みのことです。たとえば、技術リーダーシップとか、あるいは、ブランドを作るとかもそうでしょう。あるいは、企業によっては「安い商品を仕入れる」ということもこれに当たるでしょう。

つまり「勝てる理由」を作ることですね。

最後は③人材の育成。これは、そのまんまで、人を育てる、ということです。

この３つは、経営者からすると確かに「大事なＴＯＰ３要素そのまんま」だな、と思います。企業の部署でいえば、

①営業

②Ｒ＆Ｄ

③ＨＲ／人事

といったものがイメージに近いでしょうか（マーケティングや生産管理がどこに分類されるかは会社によるでしょう）。そして言い換えれば、この３つ以外の役割は優先度が低い、とも言えるかもしれません。「わかりやすい整理だな」

とも思います。

もう1つ、ドラッカーを改めて読んで、「本当にその通りだ！」と思ったのは、「強みを伸ばせ」という話です。

ドラッカーは「強みによってのみ人は卓越した成果を出せる」と言っています。これは僕も最近改めてそう思っていて、コミュニティのメンバーにストレングス・ファインダー（トム・ラス『さあ、才能（じぶん）に目覚めよう』で紹介されているオンライン・アセスメント）を試してもらったことがあるのも、「強みによる成果」をどうやって生み出すかを考えるためでした。

人が卓越した成果を出す順番は、

1. 原理原則を覚える
2. 強みを伸ばしきる
3. 弱みを丸める

であり、この3フェーズしかない、と思っています（『内定者への手紙　リードザセルフ！〈第4巻〉』参照）。

ただここで問題になるのは、一体「強みとは何か」ということです。

強みを活かす経営の素晴らしさは、「全員がハッピーになること」、この1点に尽きると思います。しかし実現する難しさもあります。その原因は、そもそも「強みとは何なのか？」がわからないこと。その強みを活かした「成果とは何か？」や、「強みを成果にどう繋げればいいのか？」がわからないことです。

しかしここで、本項冒頭に挙げたドラッカーの理論に戻ると、成果とは、「①直接の成果」「②価値への取り組み」

「③人材の育成」ですから、強みを（成果に）活かす経営とは行き着くところ、各人の持っている性質（＝ストレングス・ファインダー的要素）を、この上の３つに繋げる"組み合わせ"を見つけることなのかもしれないとわかります。

僕は何らかの成果を出すには「フォーメーション」がとても重要だと思っている（「フォーメーション理論」と呼んでいる）のですが、この考え方に近いですね。

ちなみに、ドラッカーに限らず、日本の歴史において名を遂げた名将はみな人事戦略に長けていました。

僕は「名将の人事戦略」を研究してみたことがあります。徳川家康から、豊臣秀吉、織田信長、毛利元就、武田信玄、上杉謙信、黒田官兵衛に石田三成……。彼らはなぜ生き残り、戦果を挙げることができたのかということを、主に人事戦略の観点から考察したのです。

そして結論として導いたのは、「歴史上、"弱小"から成り上がった将軍で、人事戦略に疎かった人物はほぼいない」というものです。正確にいうならば、年功序列的（＝非実力主義）な人材登用でのし上がった人はほぼゼロ、という結論です。

たとえば、有名なものであれば、黒田官兵衛は「人を夏の火鉢、ひでりの雨傘みたいに使うのはダメ」というようなことを言っていたりします（夏の火鉢＝暑いので不要、ひでりの雨傘＝無駄）。

あるいは武田信玄も人事戦略に強かったとよく言われて

います。「人は石垣、人は城、人は堀、情けは味方、仇は敵なり」という言葉は有名ですよね。

　日本以外でも、次項で紹介する曹操も「唯才是挙」（才能をもってのみ人材登用せよ）という言葉を残しているのです。

「戦わずして勝つ」は可能か？

　最近、訳あって『三国志』について調べています。

　おもに調べているのは、『三国志』のなかでも「曹操」についてです。劉備や諸葛亮の天敵としても描かれる、あの天才将・曹操です。

　曹操は悪役として描かれることも多いですが、調べれば調べるほど面白い人物です。多才だったようですが、何より人集めの天才でした。そういう意味では経営的に学ぶことが多いです。

　そんな曹操を調べていく過程で『孫子（孫子の兵法）』に行き当たりました。というのも、曹操はこの『孫子の兵法』に注釈を書き込むぐらい読み込み、重宝していたので

す。

『孫子の兵法』で有名なのは、「戦わずして勝つのが最良」という言葉かと思います。他にも、「彼を知り己を知れば百戦あやうからず」なども有名ですよね。ただ僕も『孫子の兵法』自体は昔読んだことがありましたが、そのときは「使い道がないような、あるような本だな……」という感想でした。

　そこで今回は改めて、では「戦わずして勝つ」には何が一番必要なのかを考えてみました。戦わずに勝つのがベストなのは間違いないですが、そもそも「戦わずして勝つ」ことが一番難しいのも世の常だなぁ、と思うからです。

　結論として思ったのは、大切なのは「自分が一番嫌いな人」や「自分が一番苦手な人」の戦略（戦い方）を知ることだ、ということです。

　ビジネスの世界にも、自分の戦い方や考えと決定的に違う企業（人）と対峙しないといけないときがあります。僕にとっては、やたらとSNSで年収自慢している人や、ひたすらマウントをとってくるような人です。思想的には全然合わないな、と思いますし、きっと心の底では友達にはなれないと思います。

　ですが、それと、その人の戦い方や戦略を学ぼうとするかどうかは別の問題です。「嫌いだけど学ぶ」のです。なぜかといえば、やはり「彼を知り己を知れば百戦あやうからず」だからです。

　よく、世の中には「自分が嫌いな人の本は絶対読まない！」「どれだけ売れていても絶対買わない！」という人

がいます。僕もその気持ち自体はとてもよくわかるのですが、それでは「戦いには勝てないこと」があります。

「一番嫌いなやつに対峙したとき」に後手を取るのは嫌です。それに、どんな人間にも必ず「理」があるものです（盗人にも三分の理、ということわざもありますね）。したがって僕は、「この人は本当に嫌い。でもこの部分だけは共感できる」という部分を探しにいくわけです。

何が言いたいかというと、「自分が嫌いな人の本も読む」ということも、たまにやってみてくださいということです。「自分の好きな人の本を読む」のは誰でもやると思いますが、その反対です。

そしてその上で、その人の「理」を探そうとしてみてください。「戦略」「戦い方」を学ぶわけです。

ストレスがかかることではありますが、世界が多様であることが実感できますし、自分の弱点を丸めることにもつながります。まさに「戦わずして勝つ」へ一歩近づくことができるはずです。

市場の視点から「強みを言語化」

「自分の強みを言語化」する際に大切だな、と思うことがあります。これを考えるきっかけになったのは、ある有名なベンチャー投資家による言葉を聞いたことです。

その方は、界隈では有名な投資家で、30代で大成功されている人ですが、その彼がベンチャー投資する際の基準は「2つある」とのことで、それは、

1つ目は、ソフトウェアを作れる会社、

2つ目は、ソフトウェアを使い倒せる会社、

このどちらか、だということでした。

僕はこの話を聞いたとき面白いなと思いましたが、それは、2つ目があったから。つまり「ソフトウェアを使い倒せる」ということも基準に入れていることです。

現代ではソフトウェアを作れる人・設計できる人のほうが"強い"のは間違いないでしょう。いわゆるGAFAMをイメージすればわかりやすいですが、全てソフトウェアの会社です。あるいはもう少しバズワードに寄せても、"AIの会社"が伸びていくのは間違いないでしょう。

でも、それだけなのか？ ソフトウェアを「作れる会社」だけが強いのかというと、そんなことはなく、「ソフトウェアを使い倒せる会社」も強いのだというのです。

これは面白い考えですよね。と同時にこの話は、会社だけでなく、個人においても同様にいえることだとも思います。

昔、ある会社の採用面接では候補者に「今、何のブラウザを使っていますか？」と聞いて、IE（Internet Explorer）

をそのまま使っていると答えたらダメ（不採用）になると
いう話を聞いて、面白いなと思ったことがあります。

これはどういうことかというと、もちろん IE そのもの
がダメだとかいうことではなく、「与えられたツールをそ
のまま見直すことなく、ベストなツール（たとえば
Chrome や、Firefox など）を導入することを検討もしてい
ない」という姿勢がよくない、ということだと思います。
なぜならそういう人は、自主的に職場環境などを改善しよ
うとしないだろうからです。

逆にいえば、「ソフトウェアを使い倒し」て現状を改善
する意欲のある人は、それを強みにすることができると
思ったのです。

このように考えたときにさらに思ったのは、「強みの言
語化」をするためには、その人本来の特性に加えて、市場
からの視点が必要だ、ということです。

より具体的には、「市場から見たときに必要されている
人のコンセプト」が、強みを言語化する際に重要です。実
際、コミュニティのあるメンバーについて、その人の特性
自体は前から知っていたが、上述の投資家の話を聞いたあ
とに初めて、それが「どう強みになりえるのか？」という
ことが言語化できたことがあります。

外部の視点を取り入れると、「自分の強み」の見え方が
ガラッと変わるかもしれません。ぜひ皆さんも、「自分の
強みだけではなく、市場から見たときのコンセプト」を研
究しているかを考えてみてはいかがでしょうか？

目に見えづらいものへの学習欲

　佐藤優さんと対談（NewsPicks にて配信）をしたことがあるのですが、そのとき僕はこんなことをうかがいました。「ビジネスパーソンが "神学" を学ぶ意味ってあると思いますか？」

　佐藤さんは神学を専門にして、大学で授業をもたれることもあります。当時の僕は正直なところ、神学を学ぶ意味がわかりづらいと思っていて、それをストレートにぶつけてみたのです。

　この質問に対して佐藤さんは、次のような趣旨のことを仰っていました。

「目に見えないものを捉える力を鍛える、という意味では（神学などを学ぶ）価値はある」

　その具体例として挙げられたのが、

「たとえば、この人は信頼できるかどうかとか、目に見えづらいが人生で生きていく上で重要なものは確実にある」

　ということです。

　僕はこれを聞いて、確かに、と思いました。「目に見え

づらいが重要」なものが、普段の本業の中にも思い当たったからです。

　僕は以前、会社で広報クリエイティブ領域も統括していて、オフィスのコンセプトを作ったり、LIVE事業を作ったりしていました。そのなかで思うのは、「空間の力ってやっぱりあるよな。でもその力を信じている人や学ぼうとする人って意外と少ないのかも」ということです。

「空間の力」というのは、目に見えるようで見えづらいものだと思います。たとえば、"インスタ映え"について考えてみてもそうです。「なぜかそこに居たくなる。そこにいると自分がキレイに映る」など、明らかに場所の力、といえるものはある。一方で、その場所の力を作る力だったり、見極める力だったりはどうかというと、人によって千差万別だと思います。

　同様に「人を見る目」についても同じです。

　自分が接する人に対して「この人は信頼に足るのか？信じていいのか？」を見極めるのは、現実的には人生でとても大事な力。でも、人によって能力差は大きい。

　たとえば、すごい経営者の方であっても、だいたい若い頃に誰かに騙されていたりします。むしろそうした経験から、「人を見る目」が鍛えられ、のちに大成したのだと僕は思っています。

　あと、「健康」だってそうですよね。あるいは、「投資」も同じです。投資は「他の人はまだ気づいていないけど価値あるもの」に先行して投資できると一番リターンが高いわけです（目に見えづらいが価値がある＝投資対象になりえ

るということ)。

　何がいいたいかというと、「目に見えづらいものに対しても学ぼうとする姿勢」の重要性です。
　神学を学ぶ、ということはその一例ですが、佐藤さんが言っていることの本質は、
「目に見えやすいものばかりを学ぼうとしていませんか？」
　という問いなのかな、と思いました。
　よく言われますが、「誰からも奪われない最大の資産は、自分の頭の中にある」という言葉も想起します。
　知恵や経験は自分の頭の中にあって、他人からは見えづらいもの。でも、確実に自分の武器になる。
　空間についてでも、人を見る目でも、何でもいいですが、皆さんもぜひ「目に見えづらいものを学ぶ意欲」を持っているかを、考えてみてはいかがでしょうか？

成長は絶対値ではなく、変化率

　「スタ★アトピッチ Japan」に審査員として参加したこと

があります。これは日本経済新聞社が本気で取り組んでいるピッチイベントで、「飛躍の可能性を秘めたスタートアップとアトツギベンチャーが集う」ものです。アトツギ（後継）ベンチャーとは簡単にいうと、「2代目社長が引き継いだ、中小企業」のことです。スタ（＝スタートアップ）とアト（＝アトツギベンチャー）の2つを合わせて「スタアト」ということです。

僕は第3回大会において、東京ブロック大会と決勝大会の審査員を担当しました。このときに全国優勝したのは「Aster」という企業でした。ケミカル系のベンチャーで、石やレンガを積み上げた（組積造と呼ばれる）脆弱な建築物に塗るだけで、強度が上がる特殊な塗装液を開発・販売しているベンチャーです。ミッションは「人類を自然災害から解放する」です。

実際、プレゼンの中では「途上国にある、脆弱な家をコーティングすることで、新築以上の強度をもたせること」がデータで示されていました。

僕はこのAsterの社長・鈴木正臣さんのプレゼンを決勝大会で聞いたときに、「ここが優勝だな」と思ったのですが、その理由は2つあります。

1つは、単純に「ビジネスが素晴らしいから」です。

その技術はもちろんですが、彼らが目指そうとしている世界、救いたい人々の姿が、ありありと浮かんで見えたからです。この企業が世の中に広がったら、今より、災害で亡くなる方が減るだろうな、素晴らしい技術だな、広がってほしいなと、心から思えたからです。

理由は、もう１つありました。

それが「社長の進化」です。

この Aster は、東京ブロック大会→決勝大会という流れで出場していたので、両方で審査員をしていた僕には、鈴木さんのプレゼンを聞く機会が２回ありました。つまり決勝大会が２回目だったわけですが、そのとき僕は、鈴木さんのプレゼンを聞いてびっくりしました。なぜなら、「圧倒的にプレゼンが進化していたから」です。

１回目（東京ブロック大会）に聞いたときは、正直、「いいサービスだが、懸念もある」というくらいの感想をもちました。一方で、２回目の全国大会では、プレゼンが圧倒的に進化していたのです。

プレゼン冒頭は、個人のエピソードから入り、その後の、動画の使い方、最後に権威性をつけて、説得力を増す。地区予選から、決勝戦でのプレゼン「変化率」でも No.1 でした（他の地区のプレゼンもチェックしていた）。そのとき、僕は、「あぁ、この企業が優勝すべきだ」と思いましたし、同時に「この社長は、本気なんだな。本気で世の中を変えたいんだな」ということも感じました。

僕がことあるごとに言うことなのですが、「成長とは絶対値ではなく "変化率" である」と思っています。

よく世の中には、「○○大学までの人」と「○○大学からの人」という言葉であったり、「大企業の入社までの人」と「それ以降の人」といった言葉があります。

あるいは、僕自身も、その経営者がホンモノかどうかを

191

見極める際に一番見ているのは、この「変化率」です。

　すごい経営者は、半年ぶりに会うだけで進化していることがわかります。言っていること、考えていることが明らかに変わっているのです。

　そんなことあるの？　と思われるかもしれませんが、人は本気であれば、変化するものだと思います。

　いまの自分が完璧か？　今の自分がすごいか？　と考え始めると、際限がありません。僕も今でも「なんて自分は未熟なんだ」と思います。

　でも大事なのは、そういうことではありません。今日より明日、0.0000001% でも変化していることです。

　大事なのは、たとえば「重要な FB（フィードバック）を受けた後に、変化できるか」です。

人は強みで成果を残し、課題で変わる

　「ドラッカーに学ぶ『強み』と『成果』の話」の項でも紹介した「ストレングス・ファインダー」をやってみたこと

がある人はどれくらいいるでしょうか。世界的ベストセラー『さあ、才能（じぶん）に目覚めよう』の中にある人間の「34 の強み」をチェックするものなので、試してみたことがある人も多いでしょう。

先日、このストレングス・ファインダーを 5 年ぶりぐらいにやってみて驚いたことがありました。

それは「上位資質が大きく変わっている」ということです。簡単にいうと「強み」が大きく変わっていたのです。

具体的には、数年前には 34 位（＝ビリ）だった性質と 32 位の性質（＝ビリから 3 番目）が上位の 10 個の中に現れました。34 位と 32 位の資質は「適応性」と「慎重さ」で、それぞれ 9 位と 8 位にまでなっていたのです。

ストレングス・ファインダーでは、上位 10 個が「表出しやすい強み」と言われていて、その上位資質はあまり変わらないと言われています。

それなのに、上記以外にも、前回は 21 位だった「回復思考」がまさかの 1 位になったり、前回 31 位だった「原点思考」が 15 位になったり……。とにかくいろいろなものが変わっていました。

ちなみに僕は、就活生の時もストレングス・ファインダーを受けたことがあるので、これまで 3 回実施しています。そして、1 回目のとき（就活生）の資質も全然違うものでした。変わり続けている、ということです。

これはどういうことなのか。考えてみました。つまり、「強みが変わるとはどういうことか」について。

まず、前提として「強み」について。

　僕は普段から「強みが重要」と言っているぐらい「実績につながるのは強みでしかない」と思っています。ただ今回、改めて気づいたことがあります。

　それは、

「人は強みで成果を残し、課題で変わる」

　ということです。

　そもそもなぜ、今回僕がストレングス・ファインダーを受け直したかというと、「前回受けたときのレポートを読んでも、しっくりこない部分が増えたから」でした。

　おそらく子育ての影響だと思いますが、「あんまりしっくりこないな」と感じることが増えたのです。ストレングス・ファインダーは、課金すると34の全ての強みが見られて、かつ自分だけに向けたレポートを作成してもらえます。以前はそのレポートを読んでいると「まさにその通り！」と思うことが多かったのですが、最近、改めて読み直してみると「けっこう違う気がするな？　ピンとこないな」となっていたのです。

　考えてみたら自分自身、この1年で大きな変化が起きた部分も多かったので、それなら「もう一度受け直してみるか」となったわけです。

　そうして気づいたのが、「人が本質的に変わるときって、新しい課題にぶつかって、それを乗り越えたときなんだ」ということです。

　言い換えると「課題」にたくさんぶつかって、乗り越えたら人は成長する、です。

なぜか？　理屈を考えるとシンプルです。

人は強みによってしか成果を出せません。でも、その強みを使った勝ち方に限界が出てくるから「新しい課題」が生まれているわけです。

そして、その課題を乗り越える過程で「これまでと違う戦い方」や「タフさ」を身につける。結果、「新たな強みを身につけている→変化している」ということです。

つまりは、人は強みで成果を残し、課題で変わる。そういうことなのかなと思います。

こう書いてしまうと、当たり前といえば当たり前に思えますが、僕にとっては盲点でもありました。

過去を振り返ってみると、成果は確かに強みの延長線上でしか出ないですが、人間的な成長をもたらしてくれたのは挫折経験や苦労だったかもしれません。

そして、成果を出すための手順は、

①原理原則を覚える

②強みを伸ばし切る

③弱みを丸める

です。その中で、フェーズ③の「弱みを丸める」までいったとき、人は自分の行動を見直し、人間的に成長する、ということなのかと思います。

生きていると課題といわれるものは次々に出てきますよね。でも、それを乗り越えると「成長・変化がある」と思えると、少しだけポジティブになれると思いませんか？

夢は動詞で語ろう

　自分のキャリアを考えるにあたり大切な「夢は動詞で語ろう」という考え方があるのでここで解説します。

　あるときの取材で「育児」の話になり、次のような質問をされたことがあります。

「北野さんは子どもにどういう教育をしようと思っていますか？」

　こうした教育方針についての質問は本当によくされるのですが、正直なところ答えるのは難しすぎるな……、といつも思います。

　というのも、まず僕は教育のプロではないから。しかもその取材のときに質問してくれたライターさんは、小学生のお子さんをお持ちの女性の方でした。僕よりも全然経験豊富な気もしたので、正直なところ、「それは僕に聞かれても……」という感じです。

　ただ、最近思っていることが１つあったので、伝えました。それが、「夢を動詞で語ろう」ということです。

　実はこのライターさんのお子さんには、「パティシエ」

になる夢があるらしいです。母親としては「夢も応援したいけれど、普通に勉強して大学に入って就職してほしい」という悩みもあるようでした。

すごくリアルな悩みですよね。皆さんならどうしますか？　僕はこれを聞いて、もし自分ならどうするかと考えたときに思ったことが、

「夢って本当は動詞で語ったほうがいい」

ということです。

多くの場合、夢は「肩書き」で語られますよね。職業や、大学名などの名詞で語られるともいえます。

でも、仕事や夢って本質は「動詞」です。

たとえば、パティシエならば、「料理やお菓子を作って、人を喜ばせる」「美味しい料理を作って人をもてなす」というのが本質。つまり「動詞」です。

でもなぜか僕たちは、それを見失って、「状態」や「肩書き」で夢を語りがちです。

これはデメリットも多いことです。というのも、夢を状態で語ると「パティシエになった時点」で思考が止まります。「ゴールに達した」ことになるので、当然それ以上のものになることは難しい。つまりは成長が止まってしまいます。

では、どうすればいいかといえば、それが「夢をできるだけ動詞で語ること」なのです。

たとえば「作家」になることが目標ではなく、「文章を書いて人を喜ばせる」ことが目標。「広告パーソン」になるのが目標ではなく、「広告や表現を使って企業の魅力を

伝える」のが目標。

　こうやって夢を動詞で語ることで本質を見失わずにすみます。そしてその本質を忘れない限り、いつまでも成長するチャンスが生まれます。

　だから「夢は動詞で語るほうがいい」と僕は思うのです。是非、皆さんも「夢を動詞で語る」を意識してみてください。きっと本質が摑みやすくなるはずです。

ＯＳのアップデートは自己喪失を伴う

　「人が根本的に成長するときは自己喪失を伴う」——どういうことか、説明します。

　まず僕が最近考えていることで、「人やサービスの進化は、大きく３つのレイヤーからできている」というものがあります。

　この３つのレイヤーとは、

　①ＯＳ

　②アプリケーション

　③コミュニケーション

の3つです。

まずは「OS」から。

これはもちろん「オペレーティングシステム」の略で、基幹となっているシステムのことです。PCでいうと、macOSとか、Windowsとかですね。

「人の成長」という文脈でOSとは何かというと、「人の根本的な思考法や、視座」のこと。そもそもの考え方や、スタンスですね。これがOS。

次に、2つ目の「アプリケーション」とは何か？

まず本来の言葉の意味としては、「アプリや、サービス」のことで、たとえば、スマホの中に入っている「カレンダー」とか「マップ」のことですね。iPhoneでいえば、iOSというOSの上で、アプリケーションが動いている。こういう構造です。

これを「人の成長」にたとえると、スキルや技術のこと。たとえば、マーケティングのスキル、営業のスキル、とかです。OSよりは「表面に出ている」ものと言うこともできます。

最後、3つ目が「コミュニケーション」だと思っていて、これは「広告」の話であり、伝え方の話ですね。たとえば、アプリを作ったあと、そのサービスを広告でどう相手に知ってもらい、使ってもらうようにするか、という話です。

これもまた「人の成長」にたとえると、自分のスキルを誰に知ってもらうのか？　どう知ってもらうのか？　という、「スキルの伝え方」の話になります（ちなみに、広義の意味では「広告」もスキルや技術ですが、僕はアプリケーショ

ンとコミュニケーションは違うものだと思っています)。

　ここで重要なのは、この3つの関係性です。

　OSが土台であり、その上にアプリケーションが乗っていて、最後にコミュニケーションが周りにある。そのようなイメージになっていると僕は思っています。

　また、人が"本質的に"成長するときに変化するのは「OS」であることも重要です。OS、つまり考え方や視座、スタンスが変わったときに人は大きな変化を起こすのです。よく「立場が人を作る」といいますが、まさにそれです。考え方や見ている視点、責任感が変わることで人は成長します。

　ただ、やっかいなのは、実はこの「OSの進化」は、痛みも必ず伴うということです。具体的には「自己喪失」の痛みです。

　OSを進化させるには、過去の自分のやり方や、成功した考え方などを根本的に見直す必要が出てきます。今までの自分が間違っていたのではないかと、「自己」というものが揺らぎます。しかも、「自信がなくなる」だけではなく、「これまで出せていたはずの成果」すら出せない、そんなタイミングもやってきます。

　根本的な成長（OSの進化）には自己喪失があります。そしてそれに痛みが伴う理由は、
「OSは新しく変わるが、アプリケーションは古いバージョンのままで残り、バグが起きるから」
　です。

実際の OS とアプリケーションでたとえましょう。

　新しい Windows の OS にしたとき、古いバージョンのエクセルやワードがそのままでは使えなくなったりしますよね？　あれをイメージするとわかりやすいと思います。

　人間も同じように、OS が新しく変わるときに、いきなりそのまま、仕事のやり方やスキルは変えられない。その結果、OS とアプリケーションがチグハグになり、「これまでできていたことすらできないこと」が増えます。

　あれ？　これ昔はできたはずなのにな？　ということに必ずなります。そしてある種の「自分への失望」をします。

　でも実はその絶望や、自己喪失は、マクロで見ると「明らかに進化」なのです。実際、僕にも経験がありましたし、そのような人をたくさん見てきました。若くして重責のあるポジションにつき、十分な成果を出せずに悩み、ある種の自己喪失にいたる人です。

　この OS のアップデートのタイミングは本当に辛いですし、何より苦しいのが、自分だけではメタ認知できないことです。ただ、僕自身の経験から言えるのは、このタイミングは振り返ればめちゃくちゃ大きな進化になっていましたし、成長に必要なプロセスだったということです。

　ここで、僕がついてもらっているコーチングの方が言っていた言葉を紹介します。それは、

「偉大なリーダーは 2 度自己喪失する」

　ということです。

　本項の話を聞いたところで、「そうか！」となる人は少ないかもしれませんが、これを知っていることが「予防接

種」になって免疫ができることもあると思います。

　ぜひ「人の OS の進化の際は、自己喪失を伴うもの」という言葉を頭に置いておいてもらえるとうれしいです。また、すでにそのような状況にいる人がいるとしたら、このように是非マクロで見てみてください。もしかしたら今が最も成長しているときなのかもしれません。

選択を正解にする力

　本項では、「正解を探すのではなく、選んだ選択を正解にすること。その力」について書きたいと思います。

　まず皆さんは「自責の人か、他責の人か？　一緒に働くならどちらがいいですか？」と聞かれたらなんと答えるでしょうか。こう聞かれたらほとんどの方が「自責の人と働きたい」と答えると思います。

　でも冷静になって考えてみると、この「自責」と「他責」というのは、割と難しい概念ですよね。言い換えれば「自責とは何か？　それって本当にいいのか？」ということです。

自責の人は、常に「自分のせいでこうなった」と考え、環境や周りに甘えずに、改善できるかもしれません。一方で他責の人は、何か起きても「自分のせいではない」と考える。そのために成長チャンスを逃してるかもしれない。

　——ただ、このうち「自責」のほうには、いい面に加えて、リスクもあるなと思います。

　たとえば、なんでもかんでも「自分が悪い」と考えていたら、まず生きていくのが大変でしょう。そして何より「自分が悪かった」と思うだけでは実は意味がない、ということもリスクです。行動を変える必要があります。

　ではこの話において何が本質か、ということ、それが、

　「自分が選んだ選択を正解にしていく力」

　です。言い換えると「正しい選択肢を選ぼうとする以上に、自分が選んだことを後から振り返り、やっぱり正しかった！　と思えるよう努力すること」。もしかしたらこれこそが人生の本質なのかもな、と思います。

「自責か他責か」ではなく「自分が選んだ選択を正解にするための適切な行動をとっているか」が大事ということもできます。たとえば、誰かとケンカしたり、仕事で失敗したりしたとき、選んだ選択を自分なりに正解にしていく。

　そのためにベースとして必要な考えが「人生の自責思考」である、というわけです。

　経営をやっていると、先に答えがわかっていない問題ばかりに直面します。Aという選択でもBという選択でも行ける——そういう場面がままあります。でも大切なのは

「選んだ後に正解にすること」です。

　以前、中途採用の候補者の方と話しているときに、これを強烈に感じることがありました。

　その方は短期的に就職と離職を繰り返していました。でもそこにはこの考え（選んだ後に正解にすること）が全くないように見えました。

　離職においてどうしようもない理由というのは確かにあります。でもそれが何度も何度も起こるとしたら、それはもしかしたらこの姿勢が足りないのかもしれません。

　こんなふうに書いている僕自身も、実はこれまで何度も選んだ道から逃げたくなるようなことはありました。今でも覚えているのは、アメリカに行っていたときのこと。英語が通じなすぎて本当に辛かったので、何度も逃げたくなりました。でもそんなときに踏ん張れたのは、「自分の人生を自分で選んだ。正しい選択かどうかではなく、正解にするのが本質」と考えていたからかもしれません。

　人生でやるべきことって実は「正解にするための行動」なのかもしれませんね。

　転職やキャリアに悩む人も多いと思います。使い古されたものではありますが、「選んだほうを正解にしていく」という言葉を是非見直してみてもらえるとうれしいです。

高い目標設定は「自己効力感＋α」とセットで

　新年や新年度など、何かのスタートのタイミングで「1年の抱負」を掲げることがあると思います。また、仕事でもプライベートでも何らかの区切りで「目標」を立てることもよくあると思います。

　そんなときに参考にしていただきたい話があります。

　それは、一言でいうと、

「"高い目標" と "自己効力感＋α"、これらはセットにしよう」

　ということになります。僕もある方から教えてもらいました。

　よく経営者が書いた本を読んでいると、「とにかく高い目標を立てよ」といった話が出てくると思います。いわゆる「ムーンショット」と言われるやつです。

　ムーンショットとは「前人未到で非常に困難だが、達成できれば大きなインパクトをもたらし、イノベーションを生む壮大な計画や挑戦のこと」です。

　あるいは仕事において「チャレンジ目標」というのを立

てることもあると思います。

　僕も「まず目標を立てる」こと自体はとても重要だと思っていますし、高い目標を立てることで、「その差分を埋めるためにどうすればいいか？」という視点で物事を考えるようになるのでいいと思います。

　一方で高い目標には、リスクもありますよね。

　未達、達成できないことが続けばメンタルが潰れたり、不正をしてしまったり、離職者が続出したり……etc.

　高い目標というのは、それ単体で掲げては、実はダメです。

　では何が必要か？　それが「できるかも」と思える感覚です。

　この「できるかも」と思える感覚は、次の3つで構成されています。

　1つ目は「高い自己効力感」です。当たり前といえば当たり前ですが、「自分ならできる」という自分への信頼がとても大事。この自己効力感は、過去の成功体験や考え方によって決められるもの。積み上げてきたものの影響が大きいと思います。

　2つ目に必要なのは、「方法論自覚」と呼ばれるもの。つまり「こうやったら良さそうかも」「こうすればできるかも」という方法論を自覚していること。HOW（どうやってやるか）の話ですね。

　最後の3つ目は、「支援者自覚」というもの。これは「目標達成に向けてサポートしてくれる仲間がいる」と思えること。

以上の３つが「自分ならできる」という感覚を構成します。つまり高い目標とは、「自己効力感」「方法論自覚」「支援者自覚」の３つとセットになって初めて成り立つということ。高い目標だけを設定してもダメなのです。

　もう少しイメージしやすいように話すと、たとえば「方法論自覚」がないケースだとどうなるか？

　結論からいうと「どうやったらいいかわからない！」と混乱し、自信を喪失します。結果、目標達成はできません。

　その目標に対して「もしかしてこうやったらいいのか？」が何もない場合、人はその目標を諦（あきら）めます。たとえば東大にいくという目標に対して「具体的にどうやればいいのか」がなければ、どうなるか？　闇雲にやっても成果は出ませんし、結果、自己効力感が徐々に削られていき、目標を諦めてしまうということです。

　さて、話を戻して、新年や新年度に「抱負」を立てるというときにも同様です。抱負に加えて、「３つ」とも考えたほうが良いです。

　言い換えると、「抱負」を掲げるときに考えるべきは、
・「抱負」は何か？（目標）
・自己効力感をキープする方法は？（自己効力感）
・抱負を達成する上での具体的な方法は？（方法論自覚）
・抱負を達成する上での仲間は近くにいるか？　いなければどうやって獲得するか（支援者自覚）
　この計４つということです。
　僕自身振り返ってみると、高い目標に向けて頑張ってい

て、仕事が充実しているときには、"下の3つ"が揃っていたと実感します。この3つがあれば人は、高い目標に向かって頑張っていこうと思えます。

　ここからさらに仕事や人生を楽しんでいきたいと思っている方は、ぜひ参考にしてみてください。ちなみにこの話はマネジメントの場面においても効果が高いのでオススメです。

歴史は、未来の余白とセットで語る

　本項では、「歴史は、未来の余白とセットで語る」という考え方を紹介します。

　まず、僕は最近、「会社や自分の歴史を語ること」の大切さを感じる場面が多い気がしています。

　特に会社経営の視点からいうと、規模が大きくなると「歴史」の重要性が上がってくるように思います。具体的には、

「なぜ私たちは、この事業をやっているのか？」

「なぜこのサービスを始めたのか」

「昔どんなことがあって、今の私たちがいるのか？」

といった会社の歴史です。

なぜ、このような歴史を語ることが重要かというと「本質的な原点」を知ってもらうことになるからです。

どんなサービスであっても、事業であっても、最初に始めたときは、とても"ピュア"なもの。「○○という想いで始めた」とか、「××というお客さんの困りごとを解決したくて始めた」などなど。スタートはとてもピュアで本質的なものだったりします。

でもそこから年月を経るとどうなるか？　あるいは、業務の"型化"が進むとどうなるか？　ほぼ間違いなく「思考停止」が起きますよね。

いちいち「なぜこの業務やサービスあるんだっけ？」などとは考えずに、とりあえずやる。前任から行われていたやり方を、そのまま何も考えずにやる──といったふうにです。

でも、そんなときに「歴史を語る」と、その作業や事業の本質、原点が思い出しやすくなります。しかもその歴史を共有した人たちのあいだでの共通言語にもなる。

だから歴史を語るのが重要なのだと感じるのです。

一方で、歴史を語ることにはリスクもあります。

それは、「余白がないこと」です。

過去の話は、その当時いた人は参加できても、今の人たちは参加できない。入りたくても入れないわけです。そして、入れない人は「なんとなく疎外されている」と感じて

しまいます。

　では、どうすればいいかというと、それが「未来の余白とセットで語る」ということになります。

　今聞いている人たちが「これからの5年を作るのは自分たちなんだ！」と宣言する。さらには過去よりもレベルアップしている事実も語る。より具体的には「今の自分たちはあのときよりももっと強い」ということを語ることだと思います。

　こうすることで、「すごかった過去」に加えて「過去よりすごい未来」の可能性を示せる。すると、誰でも参加できるようになるわけです。

　歴史の話には今から入る余地がなくても、未来のほうには自分にチャンスがある、と思えますよね。

　仕事のなかで“昔話”をするようなときに、「歴史・過去の話だけ」になっていませんか？　ちゃんと「未来の話とセットで」話せていますか？

　マネージャーやリーダー的なポジションにいる方はぜひ意識してみてください。

「勝ち続けることと、勝つことの違い」

「勝ち続けること」と「勝つこと」の違いについて考えてみましょう。

僕は『Forbes JAPAN』で「北野唯我『未来の職業道』ファイル」という連載をもっていて、様々なジャンルの職業の方に話を聞いているのですが、お相手がプロゲーマーとして有名な梅原大吾さんの回がありました。対談に先立ち彼の著書などを読んでいたのですが、そのなかに「勝ち続けること」と「勝つこと」の違いという話がありました（『勝ち続ける意志力』小学館101新書）。

「勝ち続けること」と「勝つこと」の違いは何か。これは深いテーマだと思います。

「勝ち続けること」は、長期的な目標を追求することを指します。一方、「勝つこと」は単一のゲームや試合での勝利を指します。梅原大吾さんいわく、競技人生の中で数々の困難に直面してきましたが、その際に意識していたことは「勝ち続けること」だったそうです。

では、具体的に「勝ち続けること」で重要な要素は何か

といえば、1つ目は、「あえてスタイルを持たないこと」だということです。普通、ゲームでも仕事でも自分なりのスタイルを持つことが成功への秘訣と言われます。しかし、ゲームという厳しい勝負の世界では、あえて自分のスタイルを持たないことが、「俺が勝ち続けること」のポイントだと言うのです。

2つ目は、常に違和感をメモし、研究し続けること。梅原さんは常に携帯に、どんな小さな違和感でもメモに残して、その対策を練っているそうです。

行き着く所まで行くと、「進化」ができなくなる領域があると僕は思っています。では、どうすればいいかというと、「変化」を狙う。これが梅原さんが勝ち続けるためのポイントの3つ目です。変化はどんな小さなものでも狙って作ることができます。

まとめると、ポイントは3つです。

1つ目はあえて"スタイル"を持たないこと、2つ目は"違和感"を研究し続けること、そして3つ目は、目的を"変化"に置くこと。

ところで、そもそもの話です。そもそも僕たちは「勝ち続けたい」のでしょうか?

プロゲーマーと僕たちは違います。それに、仕事において「勝ち続ける」という状態は、定義が難しいものです。

ただ僕が思うのが、ここで「誰を敵に置くのか」が重要だということです。そして、僕自身は"日々の弱い自分"が最大の敵なのだなとも思っています。

何か大きなものを手にするには、ある時期は勝ち続けること、つまり弱い自分に向き合い1日1日に勝つことが大事な時期もあると思います。

　一方で、長い人生の中で、負けるからこそ学べることもあるなと思います。勝てなくても、「学び」の視点で見直すことがやはり必要です。

　そのうえで、なにより重要なのは、今の自分はどちらのシーズンなのかということを見極めることです。

　皆さんは今、どちらのシーズンでしょうか。そして僕は今はどちらなのだろう……梅原さんの言葉は、そんなことを考えさせてくれました。

作るほど好きか？

　雑誌の連載記事のためにデザイナーの高橋理子さんを取材したことがあります。高橋さんは東京藝術大学の博士課程まで修了されているアーティストで、「正円と直線」だけを使った着物のデザインなどでも有名な方です。アディダスなど世界的なブランドともコラボしています。

今は武蔵野美術大学で教授としても教えられているのですが、そこでよく問う質問が「作るほど好きか？」という言葉だとのことでした。

　美大には、アートや工芸、ファッションが好きだという人が多くいますが、そういう方々でも「自分が本当に何がやりたいか」がわからなくなることが少なくないそう。そういう学生さんのキャリア相談に乗るときに、高橋さんがまず言うのが「好きなことをやりなさい」ということです。

　でも、そうすると大体の学生さんは、「なんとなく気になることはたくさんあります。たとえば、ファッションも好きだし、工芸も好きだしグラフィックも好き。どれも好きで、選べないです」と答えたりするらしいです。

　そこで、高橋さんが言うのが、

「作るほど好きか？」

　という言葉です。

　たとえば、ファッション。

「ファッションが好き」と一括りに言ったとしても、そこには相当なグラデーションがあります。着るのが好き、見るのが好き、集めるのが好き。いろいろな「好き」があります。

　ただ、そのなかでも大きな違いがあるのは、

「消費者としての好き」なのか？

「生産者としての好き」なのか？

　ということです。この２つは、決定的に違います。このどちらなのかを考えるときに役に立つのが、「作るほど好きか？」という質問だということです。

高橋さんがそう聞くと、大体の学生さんは、「いえ……まだ作っていないです」となる。ということは、どういうことか？

　高橋さんは、本人にとっては厳しいけれど真実を伝える、と言います。つまり、「ってことは、好きなものがまだ見つかってないってことじゃない？」。

　言い換えれば、まだ「消費者としての好き」のレベルで止まっているということ。そして、作るほど好き、というレベルでないと、仕事としてはなかなか続かないということでもあります。

　これは僕にも納得感がありました。

　たとえば、本。本好きな人は多いですが、「読むのが好き」と、「作るのが好き」は全然違います。料理もそうですよね。「食べるのが好き」と、「作るほど好き」では、差があると思います。

　僕は普段から資本主義社会の歯車から抜け出すには２つの方法しかない、と言っています。それは１つが「資産家・投資家側」になること。もう１つが「生産する娯楽を見つける」ことです。そして高橋さんの話は、このうち２つ目の「生産する娯楽」に似ている話だと思います。

　生産する娯楽とは、「自分にとっては娯楽だけど、社会にとっては生産」という状態になっているもの。娯楽は、自分にとってはHP（ヒットポイント、体力）の消費がとても少ない。だから、これを育てていけば、いつかは損益分岐点を超える。

これが高橋さんの「作るほど好きか?」という話に近いと思ったのです。

それは、「消費する娯楽なのか?」。それとも、「生産する娯楽なのか?」。これを考えなさい、ということなのかなと思います。

「作るほど好きか?」という視点で、自分の「好き」という気持ちや思いを見直してみましょう。

そして、もしまだ「Yes」ではなかったとしたら、もっと好きなものが見つかるチャンスがあるのかもしれませんね。

人生選択肢曲線

あるコンサルティングファームで「ブランドを借りるより 自分がブランドを作る意義」というタイトルで講演をしたことがあります。

そこで話したのは、「特に30代からは、ブランドを借りるのではなく、自分がブランドを作る側に回ろう」ということでした。

どういうことか、説明していきます。

まず、前提として「ブランド」とは何かといえば、「特定の売手の製品およびサービスを識別するのに用いられる名称、記号、デザインなどを総称したもの」（平凡社『世界大百科事典　第2版』より）。

簡単にいうと「あるサービスに対しての頭の中にあるイメージの総和」みたいなものでしょうか。

では、なぜブランドを持つべきなのか？　ブランドを作る理由は何か？　というと、結論は、

「選択肢を選ぶ側であり続けるため」

だと思います。

僕が思うに、「ブランドがあるサービスや人」と「ブランドがないサービスや人」の2つの差は、「選択肢」にあります。ブランドがあると、「選択肢を選ぶ側」に回れるということ。反対にブランドがないと、常に「選ばれる側」にしかなれない、ということです。

たとえば、大学のブランドで考えるとわかりやすいかもしれません。ブランドのある大学は常に「学生を選ぶ側」ですよね。一方でブランドのない大学は常に「選ばれる側」です。

あるいは、ファッションブランドもそう。Nikeというブランドは、たとえばどことコラボするかを選べますよね。一方で、ブランドのない企業は選ばれる側にしかなれない。大きな違いがあります。

これは実はキャリアの文脈でも同じで、「自分のブランド」を作った人は選択肢を選べる。たとえば、どこかの会

社や事業で実績を出した人がいれば、その人は転職先も選びやすいですよね。反対にブランドがない人は、「選ばれる側」にしかなれない。

そして特にこの傾向が出やすいのが30代以降だと思っています。ある意味での「人生選択肢曲線」があるのです。

ブランドのある人は歳を重ねるにつれて選択肢が増えていく。一方でブランドのない人は選択肢が減っていく。そういうことです。

ただここで、「ブランドなんて誰もが最初はないよね？」という疑問がわいてくるかもしれません。その通りです。だからこそ冒頭の言葉になるわけです。

「30代からはブランドを借りるのではなく、自分がブランドを作る側に回ろう」

ということです。

20代まではブランドを借りていてもOKです。たとえば「〇〇大学卒」とかもブランドを借りている状態ですし、あるいは企業名のブランドもそうです。

実際、僕も昔はそうでした。出身企業のブランドを借りて、チャンスをもらった部分もあると思います。でも大事なのは、それは20代までだということです。

30代以降は、「自分で、ブランドを作る、育てる」ということが大事です。

ちなみに、これはよく言われる"ブランド人になれ"という意味ではありません。個人でブランドを持っている人もいれば、会社での実績が何よりもブランドになる人もいます。むしろ重要なのはスタンスです。

「会社や事業のブランドを借りるのではなく、自分はそのブランドを背負っている存在だと考えて、動く。実績を出す」。これが一番大事です。

　ここで注意したいのは、重要なのは「実力ではなく実績」であることです。実力は他人には見えないものですが、実績のほうは他人からも見えやすいものだからです。

「自分でブランドを作る意識を持っていますか？」

「そのための実績作りをしませんか？」

　この話が少しでも皆さんのインスピレーションになれば幸いです。

新しい道を
切り開くための
「言葉」は見つかりましたか？

ここからは、
その「言葉」を胸に、
「思考」そして「行動」の
旅が始まります。

明日からまた
新しい1日を
一緒に楽しみましょう。

ブックデザイン　菊池 祐
DTP　ニッタプリントサービス

北野唯我（きたの　ゆいが）

兵庫県生まれ。神戸大学経営学部卒。新卒で博報堂へ入社し、経営企画局・経理財務局で勤務。その後、ボストン コンサルティング グループに転職し、2016年、ワンキャリアに参画。取締役CSOとして全社戦略領域を担当し、21年10月、東京証券取引所マザーズ市場に上場。また、各メディアに「職業人生の設計」「組織戦略」の専門家としてコメントを寄せる。著書に『転職の思考法』（ダイヤモンド社）、『天才を殺す凡人』（日本経済新聞出版）などがある。20年より、事前審査型コミュニティ「SHOWS」を主催。

キャリアを切り開く言葉71　「自分の強み」に磨きをかける

2023年9月29日　初版発行

著者／北野唯我

発行者／山下直久

発行／株式会社KADOKAWA
〒102-8177　東京都千代田区富士見2-13-3
電話　0570-002-301(ナビダイヤル)

印刷・製本／大日本印刷株式会社

©Yuiga Kitano 2023　Printed in Japan
ISBN 978-4-04-113538-9　C0030